技工教育汽车类专业概论系列教材

新能源汽车检测与维修专业概论

郇延建 主　编
张家郡 副主编

人民交通出版社股份有限公司
北京

内 容 提 要

本书是技工教育汽车类专业概论系列教材之一,主要内容分为新能源汽车检测与维修专业概述、新能源汽车检测与维修专业人才培养概述、新能源汽车检测与维修专业技术概述、新能源汽车检测与维修专业学习成长规划四个项目。项目下又分若干个任务,每个任务包括任务目标、任务内容、活动场景、活动目标、活动计划、活动资源、活动展示、活动评价八个部分。

本书可作为技工类院校汽车类相关专业的概论教材,也可作为汽车类相关专业建设的参考书。

图书在版编目(CIP)数据

新能源汽车检测与维修专业概论/郇延建主编. —北京:人民交通出版社股份有限公司,2021.8
ISBN 978-7-114-17474-2

Ⅰ.①新… Ⅱ.①郇… Ⅲ.①新能源—汽车—车辆修理 Ⅳ.①U469.707

中国版本图书馆 CIP 数据核字(2021)第 142381 号

Xinnengyuan Qiche Jiance yu Weixiu Zhuanye Gailun

书 名:	新能源汽车检测与维修专业概论
著 作 者:	郇延建
责任编辑:	郭 跃
责任校对:	赵媛媛
责任印制:	刘高彤
出版发行:	人民交通出版社股份有限公司
地 址:	(100011)北京市朝阳区安定门外外馆斜街 3 号
网 址:	http://www.ccpcl.com.cn
销售电话:	(010)59757973
总 经 销:	人民交通出版社股份有限公司发行部
经 销:	各地新华书店
印 刷:	北京虎彩文化传播有限公司
开 本:	787×1092 1/16
印 张:	12.5
字 数:	213 千
版 次:	2021 年 8 月 第 1 版
印 次:	2022 年 8 月 第 2 次印刷
书 号:	ISBN 978-7-114-17474-2
定 价:	50.00 元

(有印刷、装订质量问题的图书由本公司负责调换)

前言

近年来,汽车行业迅猛发展,汽车产销量大幅增长。各职业院校根据市场需求,相继开设了新能源汽车检测与维修专业。选择适用的教材,对于院校专业建设至关重要。技工教育汽车类专业概论系列教材是在各行业、企业技术专家的大力协助下编写而成。

本系列教材在编写过程中,采用职业院校大力推广的"基于工作过程的任务教学法"体例。项目规划科学,任务分解合理,利于教学过程中的讲解与活动组织。本系列教材依据现行业、企业与学校的实际情况进行编写,实现概论教学与专业课、专业基础课、文化基础课企业实践无缝对接。

本书由山东交通技师学院郇延建担任主编,由张家郡担任副主编,由郇延建负责统稿。书中共有4个项目,16个任务。其中项目一由郇延建编写;项目二由柴启霞编写;项目三中任务一、任务二由魏慧慧编写,任务三、任务四、任务五由张家郡编写;项目四由魏慧慧编写。

限于编者水平,书中难免有疏漏和错误之处,恳请广大读者提出宝贵建议,以便进一步修改和完善。

编　者
2021 年 5 月

目录

项目一　新能源汽车检测与维修专业概述 ··· 1

任务一　了解新能源汽车检测与维修专业发展背景 ···················· 1
任务二　知道新能源汽车发展现状 ··· 13
任务三　了解新能源汽车发展趋势 ··· 29

项目二　新能源汽车检测与维修专业人才培养概述 ···························· 36

任务一　认识新能源汽车检测与维修专业对应的岗位群 ············· 36
任务二　归纳培养目标及通用职业能力 ···································· 41
任务三　设置课程 ··· 47
任务四　保障达成学习目标 ··· 59

项目三　新能源汽车检测与维修专业技术概述 ································· 75

任务一　新能源汽车使用安全 ··· 75
任务二　认识纯电动汽车 ·· 105
任务三　认识混合动力电动汽车 ··· 119
任务四　认识其他类型新能源汽车 ··· 136
任务五　认识动力电池系统 ··· 149

项目四　新能源汽车检测与维修专业学习成长规划 ···························· 163

任务一　榜样的力量 ·· 163
任务二　认识学习成长规划 ··· 175
任务三　知道学习成长规划过程 ··· 180
任务四　撰写学习成长规划 ··· 189

参考文献 ·· 193

项目一 新能源汽车检测与维修专业概述

任务一 了解新能源汽车检测与维修专业发展背景

任务目标

(1) 能简单介绍新能源汽车检测与维修专业发展背景。
(2) 能说出新能源汽车定义及类型。

任务内容

活动一:"新能源汽车的前世今生"电子图册制作
活动二:针对当前新能源汽车产品的"吐槽大会"

活动一:"新能源汽车的前世今生"电子图册制作

伴随着社会的进步、科技的发展,人们期望汽车能够被赋予更多的功能来让生活变得更加便捷。然而传统汽车显然无法满足这种要求。汽车——这一"工业皇冠上的明珠"面临着又一次的迭代升级。

目前,我国汽车技术正朝着电动化、智能化、网联化、共享化的"新四化"方向发展,这给汽车工业的发展带来了巨大的挑战和机遇。新能源汽车不仅可提供更安全、更舒适、更节能、更环保的驾驶方式,还会带来汽车产品和技术的升级,从而重塑汽车及相关产业全业态和价值链体系。在学习之初,我们迫切想要了解新能源汽车专业的发展背景。我愿意同我的小伙伴们一起把我们对"新能源汽车"的"前世今生"进行梳理,并做成电子图册介绍给大家。

在班级内以分组发言的形式将汽车的发展史以及新能源汽车的发展背景,

通过若干汽车行业的标志性事件介绍给身边的同学,并将自己收集到的资料进行整理,做成电子图册。

活动目标

(1)能用普通话流利地介绍汽车的产生、发展过程以及新能源汽车的特点。
(2)能合理安排组内分工,在规定时间内合作完成资料的收集、整理、撰稿。

活动计划

1. 分工

2 名资料收集人员:_____ 1 名拍照人员:_____
2 名撰稿人员:_____ 1 名编辑:_____
1 名发言人员:_____ 1 名后勤:_____

2. 资料收集

_____
_____

3. 电子图册制作思路

_____
_____
_____
_____

活动资源

一、新能源汽车的发展背景

1. 全球石油价格上涨的推动

全球石油资源储量的稀缺性毋庸置疑,几个经济大国能源紧缺问题严重,现阶段以石油为主要燃料的汽车产业的发展受到了极大威胁。因此,发展新能源汽车成为世界汽车工业持续发展的必然选择。汽车燃料的使用成本也随之水涨船高,在新一轮石油价格上涨期间,部分新能源汽车显示出相对使用成本优势。部分消费者为免于负担过高的燃油费用而放弃原本欲购买的传统车型,转而选择石油燃料消耗相对较少的新能源汽车。汽车制造厂也看到了新能源汽车的发展空间,开始加大研发和推广的力度,各国政府也适时推出一些优惠政策对新能源汽车的购买和销售予以补贴,新能源汽车行业获得了前所未有的发展良机。新能源汽车技术的不断发展,可以使部分新能源汽车体现一定的使用成本优势。

2. 各国石油自给不足

世界上主要汽车消费国的石油自给率水平不高,石油的储备越来越不能满足各国消费者的需要,全球汽车第一大消费国——美国,其石油自给率仅为33%,而日本、德国、法国和意大利的石油自给率甚至都在10%以下。在当前世界政治和经济格局不确定性增加的情况下,保证石油供给安全已成为各国政府必须解决的难题,降低石油依赖已成为必然的选择。我国石油储备量有1.1亿桶,一旦石油枯竭,我国的石油储备仅够用35天。世界各国石油储备量及使用时间如图1-1-1所示。从政治和经济的角度考虑,鼓励发展新能源汽车、降低石油对外依赖是各国政府制定汽车产业政策的必然选择。2009年我国汽车产销量已经跃居全球第一,到2021年我国成品油需求量将达到3.42亿t,而全球石油储备量仅够用40年,能源短缺已经成为全球性问题。

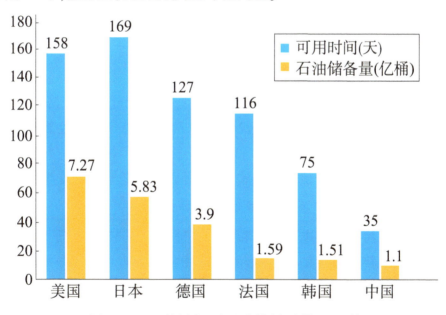

图 1-1-1 世界各国石油储量及使用天数

3. 世界上各国家和地区汽车尾气排放标准越来越严格

汽车尾气中含有150~200种不同的化合物,由于汽车尾气排放的主要范围为0.3~2m,正好是人体的呼吸范围,因此对人体的健康损害非常严重。汽车尾气中对人体危害最大的有一氧化碳、碳氢化合物、氮氧化合物及固体悬浮颗粒物。1997年12月,旨在限制全球温室气体排放的《京都议定书》获得了149个国家和地区代表通过,其在2005年2月16日正式生效,2009年2月通过该协议的国家和地区已经达到183个。《京都议定书》规定,在2008—2012年,工业国家必须减少温室气体的排放,排放量相比1990年减少5%。

4. 汽车对环境污染的影响

伴随着国民经济高速发展,大城市大气环境污染问题日益突出,北京、上海、广州等大城市中,导致市区污染的主要因素就是汽车尾气。许多国家大中型城市的空气污染有50%以上来源于汽车尾气。汽车尾气已成为组成温室气体的重要污染物,世界各个国家和地区针对汽车尾气排放标准也越来越严格,而为了应对不断严格的汽车尾气排放标准,各大汽车厂商目前主要采取提高传统能源汽车发动机相关技术方法,以提高排放质量。但是,技术提升的难度会越来越大,此时发展新能源汽车成为各大厂商的新方向,因为新能源汽车在生产和使用上会从根本上解决汽车尾气排放问题。

二、发展新能源汽车的意义

1. 发展新能源汽车产业是推动经济发展方式转变、促进经济增长的战略需要

我国经济快速增长与资源环境的矛盾日益尖锐,因此转变经济发展方式、调整经济结构、创新经济发展模式、加快新能源及新材料等战略性新兴产业的发展,成为经济工作的重大任务和主攻方向。新能源汽车技术的应用能降低我们对石油的依赖程度,减少二氧化碳排放,取得明显的节能与环保效益。

2. 发展新能源汽车产业是降低环境污染的有效途径

新能源汽车,特别是纯电动汽车和燃料电池电动汽车,在本质上是一种零排放汽车,一般无直接排放污染物,间接的污染物主要产生于发电及电池废弃物处理环节。从发电环节来看,风能、水能、核能的大力发展,均可以给我们带来可观的清洁能源。单从污染严重的火力发电来看,对大气污染的控制难度也大大低于燃油汽车。对于电池废弃物,目前随着回收技术的日益成熟,加之当前也逐渐开发出污染低、安全性好的新型蓄电池,所以无论是从直接还是间接污染来看,电动汽车都是现阶段最理想的清洁车辆。另外,电动汽车与同类燃油汽车相比,噪声要低5dB以上,大规模推广电动汽车有利于治理城市噪声污染。

3. 发展新能源汽车产业是汽车工业发展的必由之路

相对于传统汽车技术，我国的新能源汽车领域与发达国家的差距较小。一直以来，中央政府和相关企业对新能源汽车的发展给予了高度关注，一方面全面提升传统汽车技术，发展节能汽车，解决近期能源和环境问题，同时为新能源汽车发展奠定基础；另一方面积极开发新一代能源动力系统，大力发展新能源汽车，加速能源动力系统转型进程，重点突破动力电池、驱动电机、电控等核心技术，推动纯电动汽车、插电式混合动力电动汽车的产业化，实现我国汽车工业的跨越式发展。

总体而言，新能源汽车代表了世界汽车产业的发展方向，是未来世界汽车产业的制高点，是世界各主要国家和汽车制造厂商的共同战略选择。从国家战略的高度来审视，大力发展新能源汽车是新一轮的经济增长点的突破口和实现交通能源转型的根本途径。我国汽车工业必须积极行动起来，只有参与到这场全球性的新能源汽车的竞争当中去，勇于迎接挑战，才能抓住这次难得的历史机遇，实现我国汽车工业的跨越式发展。

三、新能源汽车的分类

1. 新能源汽车的定义

2009年6月，工业和信息化部公告发布了《新能源汽车生产企业及产品准入管理规则》，明确指出："新能源汽车是指采用非常规车用燃料作为动力来源（或使用常规车用燃料、采用新型车载动力装置），综合车辆的动力控制和驱动方面的先进技术，形成的技术原理先进、具有新技术、新结构的汽车。"

非常规的车用燃料指除汽油、柴油、天然气（Natural Gas, NG）、液化石油气（Liquefied Petroleum Gas, LPG）、乙醇汽油（Ethanol Gasoline, EG）、甲醇、二甲醚之外的燃料。

2. 新能源汽车的分类

新能源汽车的种类包括纯电动汽车（Battery Electric Vehicle, BEV）、混合动力汽车（油气混合、油电混合）、燃气汽车（液化天然气、压缩天然气）、燃料电池电动汽车（Full Cell Electric Vehicle, FCEV）、液化石油气汽车、氢能源动力汽车、太阳能汽车和其他新能源（如高效储能器）汽车等。

活动展示

教师组织班级内部分组进行，师生共同制定评分标准，各组选派代表参加，参赛选手在规定时间内呈现本组活动成果,其他全体同学现场观摩,根据选手表现投票,获得点赞量最多的小组获胜。

活动评价

本活动的活动评价表见表 1-1-1。

活 动 评 价 表　　　　　表 1-1-1

评分项 （占比）	是否达到目标 （30%）	活动表现 （40%）	职业素养 （30%）
评价标准（占比）	1. 完全达到； 2. 基本达到； 3. 未能达到	1. 积极参与； 2. 主动性一般； 3. 未积极参与	1. 大幅提高； 2. 略有提高； 3. 没有提高
自我评价（20%）			
组内评价（20%）			
组间评价（30%）			
教师评价（30%）			
总分（100%）			
自我总结			

活动二:针对当前新能源汽车产品的"吐槽大会"

新能源汽车专业的发展,是因为当前的各类汽车均存在着不同的不足或缺陷,不能满足人们在汽车使用上的需求。为了更好地了解人们的需求,挖掘当前汽车产品在功能或使用上的不足,论证汽车功能的开发方向,我们需要走访汽车生产厂家、4S 店、维修站、汽车配件城、二手车市场和汽车用户,去收集当前汽车产品在功能和使用上给用户们带来的痛点。根据相关政策法规和标准,对当前新能源汽车产品进行剖析,在班级内举办一次针对当前新能源汽车产品的"吐槽大会",一同探讨今后新能源汽车产业的发展方向。

项目一　新能源汽车检测与维修专业概述

活动场景

化身小记者走访企业、收集资料,了解新能源汽车行业中上、下游企业对当前汽车产业的认识。整合你所收集到的资料和信息,在小组内形成共识,由本组发言人在"吐槽大会"中阐述本组观点。

活动目标

(1)走访企业、查阅资料,深入了解当前新能源汽车产品的局限性。

(2)查阅资料,查找与新能源汽车相关的政策和标准。

(3)小组内合理安排分工,在规定时间内合作完成资料的收集、整理,编辑一份演示文稿(Power Point,PPT)辅助发言人阐述本组观点。

活动计划

1. 分工

2 名资料收集人员：_____　　1 名拍照人员：_____

1 名撰稿人员：_____　　2 名编辑：_____

1 名发言人员：_____　　1 名后勤：_____

2. 设备准备

_____

_____

3. 小组计划

_____

_____

_____

_____

活动资源

一、国家对新能源汽车的战略规划

发展新能源汽车是我国从汽车大国迈向汽车强国的必由之路,是应对气候变化、推动绿色发展的战略举措。自 2012 年国务院发布《节能与新能源汽车产

业发展规划(2012—2020年)》以来,我国坚持纯电驱动战略取向,新能源汽车产业发展取得了巨大成就,成为世界汽车产业发展转型的重要力量之一。与此同时,我国新能源汽车发展也面临核心技术创新能力不强、质量保障体系有待完善、基础设施建设仍显滞后、产业生态尚不健全、市场竞争日益加剧等问题。为推动新能源汽车产业高质量发展,加快建设汽车强国,2020年10月,国务院常务会议通过了《新能源汽车产业发展规划(2021—2035年)》。

1. 总体思路

以习近平新时代中国特色社会主义思想为指引,坚持创新、协调、绿色、开放、共享的发展理念,以深化供给侧结构性改革为主线,坚持电动化、网联化、智能化发展方向,深入实施发展新能源汽车国家战略,以融合创新为重点,突破关键核心技术,提升产业基础能力,构建新型产业生态,完善基础设施体系,优化产业发展环境,推动我国新能源汽车产业高质量可持续发展,加快建设汽车强国。

2. 基本原则

(1)市场主导。充分发挥市场在资源配置中的决定性作用,强化企业在技术路线选择、生产服务体系建设等方面的主体地位;更好发挥政府在战略规划引导、标准法规制定、质量安全监管、市场秩序维护、绿色消费引导等方面作用,为产业发展营造良好环境。

(2)创新驱动。深入实施创新驱动发展战略,建立以企业为主体、市场为导向、产学研用协同的技术创新体系,完善激励和保护创新的制度环境,鼓励多种技术路线并行发展,支持各类主体合力攻克关键核心技术、加大商业模式创新力度,形成新型产业创新生态。

(3)协调推进。完善横向协同、纵向贯通的协调推进机制,促进新能源汽车与能源、交通、信息通信深度融合,统筹推进技术研发、标准制定、推广应用和基础设施建设,把超大规模市场优势转化为产业优势。

(4)开放发展。践行开放融通、互利共赢的合作观,扩大高水平对外开放,以开放促改革、促发展、促创新;坚持"引进来"与"走出去"相结合,加强国际合作,积极参与国际竞争,培育新能源汽车产业新优势,深度融入全球产业链和价值链体系。

3. 发展愿景

到2025年,我国新能源汽车市场竞争力明显增强,动力电池、驱动电机、车用操作系统等关键技术取得重大突破,安全水平全面提升。纯电动乘用车新车平均电耗降至12.0(kW·h)/100km,新能源汽车新车销售量达到汽车新车销售总量的20%左右,高度自动驾驶汽车实现限定区域和特定场景商业化应用,充换电服务便利性显著提高。

力争经过15年的持续努力,我国新能源汽车核心技术达到国际先进水平,质量品牌具备较强国际竞争力。纯电动汽车成为新销售车辆的主流,公共领域用车全面电动化,燃料电池汽车实现商业化应用,高度自动驾驶汽车实现规模化应用,充换电服务网络便捷高效,氢燃料供给体系建设稳步推进,有效促进节能减排水平和社会运行效率的提升。

二、新能源汽车的政策与标准

1. 财政补贴政策

自2009年到2015年,中央财政对新能源汽车累计安排补助资金334.35亿元。在新能源汽车作为国家力推的新能源战略产业背景下,国家对新能源汽车的补贴政策不断出台。2015年4月29日,财政部、国家发展和改革委员会、工业和信息化部和科学技术部四部委联合下发的新一轮新能源汽车补贴政策正式出台,在未来5年,补贴额度大幅退坡。具体退坡办法是:2017—2019年,除燃料电池电动汽车外,其他新能源车型补贴标准都实行退坡,其中2017—2018年补贴标准在2016年基础上下降20%,2019—2020年补贴标准在2016年基础上下降40%。2020年4月23日,财政部、工业和信息化部、科学技术部、国家发展和改革委员会联合发布《关于完善新能源汽车推广应用财政补贴政策的通知》,明确将新能源汽车推广应用财政补贴政策实施期限延长至2022年底,平缓补贴退坡力度和节奏,原则上2020—2022年补贴标准分别在上一年基础上退坡10%、20%、30%。为加快公共交通等领域汽车电动化,城市公交、道路客运、出租(含网约车)、环卫、城市物流配送、邮政快递、民航机场以及党政机关公务领域符合要求的车辆,2020年补贴标准不退坡,2021—2022年补贴标准分别在上一年基础上退坡10%、20%。原则上每年补贴规模上限约200万辆。

2021年,新能源汽车补贴标准在2020年基础上退坡20%;为推动公共交通等领域车辆电动化,城市公交、道路客运、出租(含网约车)、环卫、城市物流配送、邮政快递、民航机场以及党政机关公务领域符合要求的车辆,补贴标准在2020年基础上退坡10%。

2021年非公共领域新能源乘用车补贴方案见表1-1-2,公共领域新能源乘用车补贴方案见表1-1-3。

非公共领域新能源乘用车补贴方案　　　表 1-1-2

车辆类型	纯电动续驶里程 R(工况法,km)（单位:万元）		
纯电动乘用车	$300 \leq R < 400$	$R \geq 400$	$R \geq 50$（NEDC 工况）/ $R \geq 43$（WLTC 工况）
	1.3	1.8	—
插电式混合动力电动乘用车(含增程式)	—		0.68

注:1. 纯电动乘用车单车补贴金额 = min｛里程补贴标准,车辆带电量×400元｝×电池系统能量密度调整系数×车辆能耗调整系数。

2. 对于非私人购买或用于营运的新能源乘用车,按照相应补贴金额的70%给予补贴。

3. 补贴前售价应在30万元以下(以机动车销售统一发票、企业官方指导价等为参考依据,"换电模式"除外)。

4. NEDC工况意为新欧洲驾驶周期(New European Driving Cycle)工况,WLTC工况意为世界轻型汽车测试规程(Worldwide Harmonized Light Vehicles Test Cycle)工况。

公共领域新能源乘用车补贴方案　　　表 1-1-3

车辆类型	纯电动续驶里程 R(工况法,km)（单位:万元）		
纯电动乘用车	$300 \leq R < 400$	$R \geq 400$	$R \geq 50$（NEDC 工况）/ $R \geq 43$（WLTC 工况）
	1.62	2.25	—
插电式混合动力电动乘用车(含增程式)	—		0.9

注:1. 纯电动乘用车单车补贴金额 = min｛里程补贴标准,车辆带电量×495元｝×电池系统能量密度调整系数×车辆能耗调整系数。

2. 对于非私人购买或用于营运的新能源乘用车,按照相应补贴金额的70%给予补贴。

3. 补贴前售价应在30万元以下(以机动车销售统一发票、企业官方指导价等为参考依据,"换电模式"除外)。

2. 汽车生产企业准入政策

2017年1月16日,工业和信息化部公布了《新能源汽车生产企业及产品准入管理规定》(以下简称《规定》),明确了新能源汽车的范围和定义,提出了新能源汽车生产企业的准入要求和监督检查措施,建立了运行安全检测制度和法律法规。《规定》不再单纯按照续航里程划分,而是把电池系统的能量密度作为标准要求。《规定》提高了新能源汽车企业准入门槛,并提出未来新能源汽车实行总量控制。

《工业和信息化部关于修改〈新能源汽车生产企业及产品准入管理规定〉的决定》自2020年9月1日起施行,相比修订前的《规定》,修订后的《规定》降低了新能源汽车生产企业准入门槛。目前,已有17家企业获得新能源汽车生产资质。

3. 新能源汽车的标准

新能源汽车维修和教学过程需要执行的技术规范主要来自国家标准和厂家标准。我国新能源汽车标准的制定工作,是伴随着国内新能源汽车产业的发展而产生的。目前我国已经制定并发布的新能源汽车相关国家标准和行业标准共计42项,其中22项已列为新能源汽车产品准入的专项检验标准,形成了整车、动力电池、驱动电机等相关检测评价和产品认证能力。

为适应纯电动汽车、插电式混合动力电动汽车以及充电基础设施的快速发展,各大汽车检测中心集中开展相关检测、评价技术研究,投资建设整车、关键零部件、充电装备以及互联互通等相关的检测能力,建成的测试平台基本满足当前产业发展的需求。此外,随着相关产品技术的提升、新技术的不断涌现,检测评价技术仍然需要不断提升,测试评价能力仍需持续增强。表1-1-4所列为部分现行有效的电动车辆标准。

现行有效的电动车辆标准项目　　　　表1-1-4

序号	标准编号	标准名称
1	GB 18384—2020	电动汽车安全要求
2	GB/T 18488.1—2015	电动汽车用驱动电机系统　第1部分:技术条件
3	GB/T 18488.2—2015	电动汽车用驱动电机系统　第2部分:试验方法
4	GB/T 20234.1—2015	电动汽车传导充电用连接装置　第1部分:通用要求

续上表

序号	标准编号	标准名称
5	GB/T 20234.2—2015	电动汽车传导充电用连接装置 第2部分：交流充电接口
6	GB/T 20234.3—2015	电动汽车传导充电用连接装置 第3部分：直流充电接口
7	GB/T 18487.1—2015	电动汽车传导充电系统 第1部分：通用要求
8	GB/T 18487.2—2017	电动汽车传导充电系统 第2部分：非车载传导供电设备电磁兼容要求
9	GB/T 18487.3—2001	电动车辆传导充电系统 电动车辆交流与直流充电机(站)
10	GB/T 19596—2017	电动汽车术语
11	GB/T 19836—2019	电动汽车仪表
12	QC/T 744—2006	电动汽车用金属氢化物镍蓄电池
13	QC/T 743—2006	电动汽车用锂离子蓄电池
14	QC/T 742—2006	电动汽车用铅酸蓄电池
15	QC/T 741—2014	车用超级电容器

活动展示

教师安排活动流程，师生共同制定评分标准，各组选派代表在规定时间内介绍本组观点，其他全体同学可现场提问，根据各组表现进行评分，最后评出获胜小组进行表扬。

活动评价

本活动的活动评价表见表1-1-5。

项目一　新能源汽车检测与维修专业概述

活 动 评 价 表　　　　　　　　表1-1-5

评分项 （占比）	是否达到目标 （30%）	活动表现 （40%）	职业素养 （30%）
评价标准(占比)	1.完全达到； 2.基本达到； 3.未能达到	1.积极参与； 2.主动性一般； 3.未积极参与	1.大幅提高； 2.略有提高； 3.没有提高
自我评价(20%)			
组内评价(20%)			
组间评价(30%)			
教师评价(30%)			
总分(100%)			
自我总结			

任务二　知道新能源汽车发展现状

任务目标

（1）能简单介绍国内外新能源汽车的发展现状。
（2）能详细介绍至少1家新能源汽车企业。

任务内容

活动一："行业大事我来说"的专题播报
活动二："我最看好的新能源汽车企业"电子宣传图册制作

活动一："行业大事我来说"的专题播报

为了让同学们更好地了解国内外新能源汽车的发展现状，我愿意通过班级内部"行业大事我来说"的活动向大家介绍。

活动场景

通过班级内部播报的形式,将新能源汽车的发展现状介绍给周围的同学。

活动目标

(1)能用普通话流利地介绍国内外新能源汽车的发展现状及我国在这方面所取得的成果。

(2)能合理安排组内分工,在规定时间内合作完成资料的收集、整理、撰稿。

活动计划

1. 分工

2 名资料收集人员:_____　　1 名拍照人员:_____

2 名撰稿人员:_____　　　　1 名编辑:_____

1 名播报人员:_____　　　　1 名后勤:_____

2. 设备准备

_____

_____

3. 小组计划

_____

_____

_____

活动资源

一、国外新能源汽车行业发展的情况

1. 美国

美国政府非常重视新能源技术的开发和应用。2013 年,美国出台了《美国创新战略:推动可持续增长和高质量就业》,提出由美国政府拨款 20 亿美元用来支

持新能源汽车产业发展;除了资金支持,美国政府还提出产业发展的指导思想,重视市场的资源配置作用,明确了以市场需求为导向的科技研发方向,推出了一系列措施。美国政府及时对消费市场的鼓励政策进行了修改和完善。为了鼓励消费者购买,2009年,美国政府制定了为期一年的以旧换新补贴政策,总额为10亿美元,对符合节能减排政策的车型实行减税优惠。2014年颁布的《新能源政策法》明确规定了汽车4个档次的减税标准,国家为购买插电式混合动力电动汽车提供高达7500美元的税收减免。此外,美国城市的公用充电设备也为插电式电动汽车提供免费充电业务,方便新能源汽车用户充电。美国能源部的示范运营战略,也为新能源汽车开了好头。在该战略中,能源部投入经费近3.3亿美元,近2万辆电动车和2万个充电站参与了示范。同时,其他非政府部门、不同类型的社会公司以及第三部门也在不同领域参与了示范项目,投资渠道和形式更加多样化,成为重要而有力的补充。

长久以来,让美国人民引以为傲的汽车工业,伴随着欧洲、日本、韩国等地汽车制造业的迅速发展,逐渐走向低谷,继而在2008年爆发的金融危机的影响下,三大汽车公司中的克莱斯勒和通用也相继宣布破产重组。美国的新能源汽车在经历了乙醇燃料、氢燃料电池和混合动力汽车时代后,最终明确了纯电动汽车为新能源汽车的主要发展方向。为提高续驶里程,通用于2007年1月推出了零排放车型雪弗兰VoR,采用通用汽车第五代燃料电池推进技术和锂电池,续驶里程可达200mile的纯电动乘用车雪弗兰BoR于2016年底投放市场。美国汽车行业在新能源乘用车的产品研发和设计理念的代表是特斯拉。2008年2月,第一批Tesla Roadster问世。两年后,借助美国能源部的4.65亿美元的低息贷款,特斯拉在美国上市。2012年,特斯拉强势推出Model S型纯电动汽车,销售量连续登上美国家用车排行榜榜首,续写了美国汽车工业的神话。2014年,特斯拉全年在全球销售了3.17万辆Model S,较2013年的2.23万辆大幅攀升42%,并一直保持这样的高速增长态势,2015年销售了5.06万辆电动汽车,2016年交付量达到7.62万辆。

2019年1月,上海特斯拉工厂破土动工,成为该公司在美国以外建造的第1家电动汽车工厂。我国是世界上最大的电动汽车市场,也是特斯拉仅次于美国的最大市场,因此,特斯拉希望接触到庞大的中国消费群体。

2. 日本

日本的电动汽车开发经历了三次高峰:第一次,1970年,经济高速增长,空气高污染,但是使用铅蓄电池,可靠度低,加上高峰电力需求不能满足,所以没有成功推广;第二次,1990年以后,政府出台法律,部分企业必须生产电动汽车,日本开始研发第二代电动汽车;第三次,2000年以后,油价迅速上涨,加上环境污染的压力,电动汽车开发速度开始加快。

日本政府通过的《2030年的新能源战略》提出减税、财政补贴等支持。2009年4月,日本对新能源汽车实施"绿色税制",根据车辆的环保指标减免多种税,有效地拉动了市场消费,同时,还制定了一系列政策和规划,以促进和鼓励新能源汽车的普及。同时,汽车企业对该目标的达成将帮助政府完成2020年温室气体排放减少25%的目标。根据规划,至2020年,这一数字应占到50%,2030年将占到70%。规划还指出,2020年,日本将为纯电动车型建成50个快速充电站、200万个家用普通充电设备。到2020年,日本将把电动汽车的年销量提高到80万辆、混合动力汽车的年销量提高到120万辆。预计2015年,混合动力汽车成本降至目前的六分之一,2020年,单次充电可行驶距离增加3倍。

丰田公司的混合动力电动汽车普锐斯问世,这款车依仗其比传统汽车大量缩减了油耗,迅速抢占了新能源乘用车市场。随后,凯美瑞、卡罗拉、雷凌也纷纷出了混合动力车型。2006年,三菱汽车开发出新一代电动乘用车i-MiEV。自2010年开始,续驶里程在160km以上的日产聆风迅速成为全球销量最高的零排放车型,在美国、欧洲都有很好的销量表现。2012年10月,三菱汽车公司的欧蓝德插电式混合运动型多用途汽车(Sport Utility Vehicle,SUV)首次亮相,在纯电动模式下的续驶里程约为60km。

3. 欧洲

在欧洲,人们更倾向于选择空间小、经济耐用的车型作为代步工具,更注重车辆的实用性,另外,全民环保意识也较强,所以新能源乘用车推广起来比较容易被人们接受。英国政府投资3亿英镑支持新能源汽车发展。2009年,英国技术战略委员会与英国交通部资助1000万英镑用于开发纯电动和混合动力汽车的电气系统。在车辆补贴方面,英国政府对购买新能汽车给予售价25%的5000英镑以内的补贴,还对纯电动汽车免征车船税。2015年,英国再次宣布投资4300万英镑支持新能源车型,包括购车补贴和充电点建设;法国于1995年制定了电动汽车发展的优惠政策,对购买电动汽车的消费者提供最高1.5万法郎的补贴。2008年10月,政府宣布投入4亿欧元用于研发和制造清洁能源汽车。荷兰政府计划投入700万~4400万欧元的补贴,并为电动汽车车主免除车辆购置税和公路税;德国提出从2009年到2011年联邦政府为研发和推广电动汽车提供5亿欧元支持。同年9月,德国发布《国家电动汽车发展计划》,提出到2020年,拥有

100万辆电动汽车上路,表明了德国使用新能源汽车的决心。此外德国政府还对2012—2014年购买电动车的消费者实行每辆车3000～5000欧元的补贴或税收优惠。

创建于1916年的宝马公司,从20世纪70年代开始,就研发生产了电动乘用车。早在1972年的慕尼黑奥运会上,宝马首款电动车型1602e被作为奥运官员用车及摄像用车;1975年宝马又带来了电动汽车IS,该款车加装了电动机和能量回收系统;1987年又研发出了教配备钠硫电池的电动汽车产品325ix,轻量化设计和全新的电池组使这款车拥有150km的最大续航里程和100km/h的最高车速,基本达到人们对一台代步乘用车的使用要求;2014年宝马推出了首款量产纯电动汽车i3,续航能力达到160km,并且可以在0.5h内充满80%的电量。大众汽车公司于1937年3月8日成立,在当时是世界最大的公司,其产量超过美国最大的福特汽车公司。大众也很重视对新能源乘用车的开发,2014年高尔夫GTE插电混合动力汽车亮相日内瓦车展,该车在混合动力模式下综合油耗为1.8L/100km。大众汽车旗下首款纯电动汽车e-Golf在美国发布。2014年11月,另一款纯电动汽车electric up上市。奥迪早在1999年便推出了并联式混合动力概念车奥迪duo。1997年,奥迪首款量产的混合动力车型第三代同世,奥迪也因此成为欧洲唯一生产混合动力车型的厂家。2005年限量版混合动力车型Q7 hybrid aquatto问世。2009年,奥迪开始以e-ton命名了在整车高效战略下研发的电动车型。2011年以后,全混合动力中性SUV奥迪Q5、全新的奥迪旗制产品A8、小型环保车A3和续航里程达130km的A6L电动乘用车也相继问世,并真正走入市场。

二、我国新能源汽车发展现状

新能源汽车行业包括新能源汽车整车制造业、新能源汽车关键总成、制造企业和新能源汽车服务企业。在新能源汽车产业链中,上游的原材料(如动力电池正负极材料、隔膜、电解质等)生产行业、中游的非关键总成(如动力系统、转向系统等)制造企业和产业链延伸出的充电桩制造行业等属于新能源汽车产业链相关行业,不属于新能源汽车行业。

根据工业和信息化部的统计,我国2020年新能源汽车产销分别完成136.6万辆和136.7万辆,同比分别增长7.5%和10.9%,产销量创历史新高,如图1-2-1所示。纯电动汽车产销分别完成110.5万辆和111.5万辆,同比分别增长5.4%和11.6%;插电式混合动力电动汽车产销分别完成26万辆和25.1万辆,同比分别增长18.5%和8.4%;燃料电池电动汽车产销均完成0.1万辆,同比分别下降57.5%和56.8%。

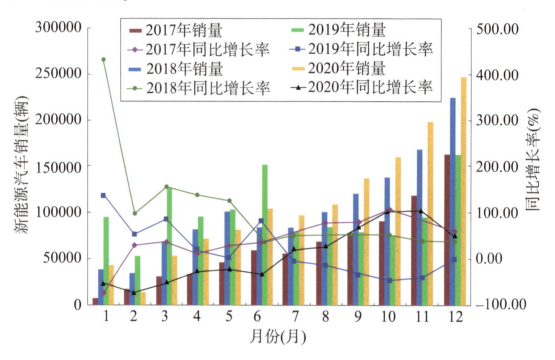

图1-2-1 我国2017—2020年月度新能源汽车销量及同比变化情况

注:数据来源于汽车工业协会。

我国自主品牌新能源汽车与世界先进水平的差距,小于传统燃油车与国外的差距,且我国已逐步掌握了新能源汽车的核心技术。目前,新能源汽车技术的核心问题是提升动力电池的能量密度、提高动力电池安全性和寿命、提高动力电池充电速度、降低动力电池成本等。国内驱动电机的功率密度、效率等电机技术水平与国际水平基本相当,峰值功率密度在$2.8 \sim 3.0$kW/kg、连续功率密度在$1.2 \sim 1.6$kW/kg。磷酸铁锂电池单体能量密度从2007年的90W·h/kg提高到接近140W·h/kg;三元材料混合锰酸锂材料的电池单体能量密度达到180W·h/kg,与国际水平基本同步,电池系统价格从2007年的5元/(W·h)降至3元/(W·h)以下;功率型电池比功率最高达3000W/kg,与国际先进水平相当;钛酸锂电池基本解决了气胀问题。整车集成电控方面基于"多V"模式开发体系,初步具备系统、软件到硬件的三层级开发能力;具备功能安全、诊断控制、通信协议、标定开发等基本系统功能;软硬件开发模式已兼容全球先进AUTOSAR体系,硬件能够实现批量生产;已基本掌握新能源整车集成技术、性能控制和评价技术。

活动展示

教师组织班级内部播报大赛,师生共同制定评分标准,各组选派代表参加,参赛选手在规定时间内呈现本组活动成果,其他全体同学现场观摩,根据选手表现投票,获得点赞量最多的小组获胜。

活动评价

本活动的活动评价表见表1-2-1。

活动评价表　　　　表1-2-1

评分项 (占比)	是否达到目标 (30%)	活动表现 (40%)	职业素养 (30%)
评价标准(占比)	1. 完全达到; 2. 基本达到; 3. 未能达到	1. 积极参与; 2. 主动性一般; 3. 未积极参与	1. 大幅提高; 2. 略有提高; 3. 没有提高
自我评价(20%)			
组内评价(20%)			
组间评价(30%)			
教师评价(30%)			
总分(100%)			
自我总结			

活动二:"我最看好的新能源汽车企业"电子宣传图册制作

基于新能源汽车的发展前景,国内外多家车企近年来一直投入巨资研发新能源汽车的各项核心技术。我国政府已将新能源汽车产业的发展提升到国家战略的层面。相较传统汽车企业在新能源汽车研发上的不温不火,近期,多家造车新势力强势入局,给市场带来颇具技术优势的汽车产品。我愿意通过自己的视角制作电子宣传图册,将我最看好的新能源汽车企业介绍给大家。

活动场景

化身小侦探走访企业、查阅资料,深入了解一家研发新能源汽车的汽车企业,制作电子宣传图册,将它介绍给周边汽车专业的新同学。

活动目标

(1)走访企业、查阅资料,了解其业务范围、工作现状。

(2)能合理安排组内分工,在规定时间内完成资料的收集、整理及PPT的制作。

活动计划

1. 分工

2名采访内容制定人员:_____   1名拍照人员:_____

1名撰稿人员:_____   2名编辑:_____

1名资料收集人员:_____   1名后勤:_____

2. 设备准备

_____

_____

3. 小组计划

_____

_____

_____

_____

活动资源

一、特斯拉电动汽车发展历史

特斯拉公司(Tesla Inc.)是美国一家产销电动汽车的公司,由马丁·艾伯哈德(Martin Eberhad)工程师(图1-2-2)于2003年7月1日创建,总部设在美国加利福尼亚州的硅谷地带。

特斯拉公司以电气工程师和物理学家尼古拉·特斯拉命名,专门生产纯电动汽车,生产的几大车型包含 Tesla Roadster、Tesla Model S、Tesla Model X。特斯拉公司是世界上第一个采用锂离子电池的电动汽车公司,其推出的首部电动车为 Tesla Roadster。2008—2012 年,公司在 31 个国家销售超过 2250 辆 Tesla Roadster。公司在 2010 年开始为英国和爱尔兰市场生产右侧行驶的 Tesla Roadster,并扩大销售区域至澳大利亚、日本、新加坡、中国。2016 年 11 月 22 日,公司已完成对太阳能公司 SolarCity 的收购交易。特斯拉车标如图 1-2-3 所示。

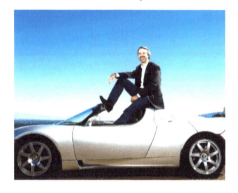
图 1-2-2 马丁·艾伯哈德

图 1-2-3 特斯拉车标

2017 年 2 月 1 日,特斯拉汽车公司宣布将该公司原注册名称(Tesla Motors Inc.)中含有"汽车"意义的"Motors"一词去掉,改成 Tesla Inc.。同年 11 月 17 日,特斯拉在美国正式发布了 Tesla Roadster。2018 年 7 月 10 日,特斯拉落户上海,上海市政府和特斯拉汽车公司签署合作备忘录。同年 11 月,特斯拉董事会任命独立董事罗宾·德霍姆(Robyn Denholm)出任董事长。

特斯拉最初的创业团队主要来自硅谷,用互联网技术(Internet Technology,IT)理念来造汽车,而不是以底特律为代表的传统汽车厂商思路。因此,特斯拉造电动车,常常被看作是一个硅谷小子大战底特律巨头的故事。

20 世纪 90 年代末,通用汽车研发出 EV-1,并作为第一款量产电动汽车投放市场,这款车其貌不扬,续航里程 140km,由于投入与产出比不高,在生产了 2000 多辆之后,通用汽车于 2002 年宣布放弃。此事让通用汽车背上了骂名,一部名为《谁杀死了电动汽车》的纪录片更是让此事广为流传。事后,参与 EV-1 项目的工程师艾尔·科科尼(Al Cocconi),在加利福尼亚州创建了一家电动汽车公司——AC Propulsion,并生产出仅供一人使用的铅酸电池车 T-Zero。

AC Propulsion 公司的经营陷入困境时,马丁·艾伯哈德为其投资。作为交换,他希望艾尔·科科尼尝试用数千块笔记本电脑的锂电池作为 T-Zero 的动力。换用锂电池后,T-Zero 行驶里程超过了 480km。马丁·艾伯哈德劝说 AC Propulsion 公司为他造一辆这样的车,但艾尔·科科尼无意成立汽车公司。马丁·艾伯哈德于是决定自己来。作为一名硅谷工程师、资深车迷、创业家,马丁·艾伯哈德在寻找创业项目时发现,美国很多停放超级跑车的私家车道上经常还会出现一些丰田混合动力汽车普锐斯(Toyota Prius)的身影。他认为,这些人不是为了省油才买普锐斯,普锐斯只是这群人表达对环境问题不满和想要作出改变的愿望的方式。于是,他有了将跑车和新能源结合的想法,而客户群就是这群有环保意识的高收入人士和社会名流。2003 年 7 月 1 日,马丁·艾伯哈德与长期商业伙伴马克·塔彭宁(Marce Tarpenning)合伙成立特斯拉(TESLA)汽车公司,并将总部设在美国加利福尼亚州的硅谷地区。成立后,特斯拉开始寻找高效电动跑车所需投资和材料。由于马丁·艾伯哈德毫无这方面的制造经验,他最终找到 AC Propulsion 公司。在 AC Pro-pulsion 公司 CEO 的引荐下,埃隆·马斯克(Elon Musk,图 1-2-4)认识了马丁·艾伯哈德的团队。

图 1-2-4　埃隆·马斯克

2004 年 2 月,埃隆·马斯克向特斯拉投资 630 万美元,但条件是出任公司董事长、拥有所有事务的最终决定权,而马丁·艾伯哈德作为特斯拉之父任公司的首席执行官(Chief Executive Officer,CEO)。2004—2006 年,虽然公司人数由 20 人增至 150 人,但首款车型 Tesla Roadster 的研发工作却遭遇了瓶颈。

2006 年,马丁·艾伯哈德在特斯拉官网一篇名为《态度》的开篇博客中写道:传统大型汽车企业制造出来的电动汽车,续驶里程有限、性能平平、外形一般。特斯拉汽车是为热爱驾驶的人们打造。我们不是为了最大限度降低使用成本,而是追求更好性能、更漂亮、更有吸引力。

2007 年,动力传输危机集中爆发,而变速器问题成为导火索。作为一辆堪比保时捷和法拉利的超级跑车,Tesla Roadster 对高性能加速的要求非常高,而普通电动车不配备多级变速器的情况俨然不能满足 Tesla Roadster 的需求,因为异步电机在低转速的情况下功率输出效率较低,所以引入二级变速器顺理成章。但问题是,在高压高功率电控系统和变速器协调之间做系统性研发,在业界内还没有先例。

2007 年,Zeev Drori 接任了特斯拉的 CEO 职务。Zeev Drori 是 Monolithic 内

存公司的创始人,在硅谷同样有相当高的知名度。

2008年,新CEO上台之后解雇了几位关键人物,实际上包括创始人马丁·艾伯哈德以及其搭档Mare Tarpenning在内的人物都相继离开了特斯拉,这其中主要原因可能是由于马丁·艾伯哈德在成本控制方面并没有让埃隆·马斯克满意。

2008年2月,Tesla交付了第一辆Roadster,如图1-2-5所示,最初的7辆车作为"创始人系列"提供给埃隆·马斯克和其他出资人,包括拉里·佩奇(Larry Page)、谢尔盖·布林(Sergey Brin),杰夫·斯科尔(Jeff Skoll)等,当然也包括已离开公司的马丁·艾伯哈德。

图1-2-5　Tesla Roadster

2008年10月,第一批Tesla Roadster下线并开始交付。但是,原计划售价10万美元的Roadster实际成本却高达12万美元,和既定的7万美元成本相距甚远,埃隆·马斯克不得不将售价提升至11万美元。这一举动引来预定客户的极大不满,在洛杉矶举行的客户见面会上,愤怒的购买者差点把埃隆·马斯克围攻晕倒。不过,即使将售价提高1万美元,Tesla依旧面临赔钱卖车的窘境。随后,Tesla用了8周时间,将一辆Smart改装成电动汽车,改装项目包括底盘、电池、电机和电控系统。埃隆·马斯克用先进的技术打动了戴姆勒,后者最终投资5000万美元收购了Tesla10%的股份,两家公司也进入更紧密的战略合作阶段。不久后,Tesla又与丰田签订合作协议,为丰田提供电池组以及电动发动机。为了维持现金流,埃隆·马斯克又拿出了自己仅存的6000万美元,用作生产和工程的流动资金。

2009年,奥巴马和朱棣文参观Tesla工厂,Tesla也成功获得美国能源部4.65亿美元的低息贷款。2010年6月,特斯拉登陆纳斯达克,首次公开募股(Initial Public Offering,IPO)发行价17.00美元,净募集资金1.84亿美元,融资额达2.26亿美元。开盘当日,埃隆·马斯克也在账面上力挽狂澜地赚了6.3亿美元,特斯拉也成为目前唯一一家在美国上市的纯电动汽车独立制造商。

2010年7月,该公司挖来了苹果的零售店副总裁乔治·布兰肯西普(George Blankenship)来负责它的零售战略,同时他将出任汽车程序副总裁,帮助推动新汽车的开发。

2012年6月22日,公司生产的全新电动车系列"Model S"首辆电动跑车正式交付,如图1-2-6所示。

图1-2-6　Tesla Model S

2012年10月,特斯拉汽车公司获得加利福尼亚州能源委员会(Califrnia Energy Commission)一项价值1000万美元的专款资金,用以生产特斯拉Model X SUV,并进一步扩建其弗里蒙特(Fremont)工厂。

2013年5月初,特斯拉宣布其2013年第一季度首次盈利后,一时成为全球瞩目的焦点。近一个月内,它的股价涨了约80%,正在向100美元冲刺,市值突破100亿美元。

2013年5月9日,埃隆·马斯克在个人博客中写道:"只想对客户和投资人说声谢谢,你们给了特斯拉一个穿越漫漫长夜的机会,没有你们我们走不到今天。"

2013年6月8日,电动汽车制造商特斯拉高开高走,收盘涨4.82%,报收102.04美元,重回100美元上方,公司市值约118亿美元。

2014年2月19日下午,特斯拉汽车公司发布了2013年的致股东邮件。邮件显示,第四季度,特斯拉取得了创纪录的汽车销量,而年营收超过20亿美元。

2015年3月13日,特斯拉宣布,由于2014年未完成销售目标,因此将重组各地区销售团队,在任命了各地区业务新高管后,将再任命新的全球销售主管。

2015年12月,著名管理咨询公司波士顿咨询公司(BCG)公布的《全球最具创新力企业报告》中,苹果、谷歌、特斯拉位列前三名。

2015年12月,特斯拉汽车公司在2016美国拉斯维加斯国际消费类电子产品展览会(CES)之前宣布,2015年特斯拉汽车公司全球交货量超过50000辆。

2016年2月2日上午,特斯拉汽车公司在公布旗下Model X的国内售价,标准版90D价格区间为人民币96.1~117.18万元,同时,特斯拉还将在中国市场推出Signature Red限量版P90D车型,售价人民币147.95万元。

2016年3月31日,特斯拉宣布Model 3发布,如图1-2-7所示。

2016年2月,特斯拉与玩具厂商Radio Flyer合作推出了一款儿童版的"Moderl S"型轿车。

图1-2-7　Tesla Model 3

2016年5月19日,特斯拉汽车公司宣布,将对外发售价值20亿美元的股票。该公司表示,将会发行价值14亿美元的新股,另外特斯拉首席执行官埃隆·马斯克也会转让自己持有的部分股票,总的股票发售规模价值20亿美元。另外,马斯克转让股票的原因是最近执行550万股股票期权,面临一定的缴税负担。

2016年7月20日,特斯拉的官方网站域名从teslamotors.com更改为tesla.com。

2016年8月1日,特斯拉汽车公司正式宣布,同意和太阳能面板制造商Solar City以全股票交易的方式合并。

2016年11月22日,特斯拉汽车公司宣布,公司已完成对太阳能公司Solar City的收购交易。

2017年2月1日,特斯拉汽车公司(Tesla Motos Inc.)正式宣布将该公司的注册名称中含有"汽车"意义的"Motors"一词去掉,改成Tesla Inc.。

2017年4月13日,特斯拉首席执行官伊隆·马斯克(Elon Musk)表示,特斯拉预计将在2017年9月对外展示计划中的商用货车。马斯克在2016年宣布特斯拉将推出包括Semi电动货车、电动公交车、电动多用途货车,以及一款紧凑型SUV等新车型。

2017年10月22日,特斯拉重申在与上海市政府洽谈建厂事宜,预计2017年底前就建厂计划达成协议,但没有就有关双方已经达成协议的媒体报道发表评论。

2017年11月17日,特斯拉在美国正式发布了Tesla Roadster,并预计在2020年上市销售,特斯拉的首款电动货车Semi暂时没有在我国开放预定。

2018年7月10日,特斯拉落户上海,上海市政府和美国特斯拉公司签署合作备忘录。

2018年8月25日,特斯拉董事长兼CEO伊隆·马斯克在公司官网发布公告,宣布特斯拉私有化计划终止,公司将维持现状。

2018年10月17日,特斯拉中国官方发布消息称,已与上海市规划与国土资源管理局正式签订《土地出让合同》,特斯拉上海超级工厂正式落户上海临港地区。

2018年11月,特斯拉董事会已任命独立董事罗宾·德霍姆(Robyn Denholm)出任董事长。

2019年1月7日,上海最大的外资制造业项目——特斯拉超级工厂正式开工建设,并于168天后建成,如图1-2-8所示。

图 1-2-8 特斯拉上海超级工厂

2019年2月,马斯克宣布将开放所有特斯拉电动汽车的专利。

2019年3月1日,特斯拉公司于美国当地时间周四宣布,该公司将把所有销售活动转移到网上。

2019年5月2日,特斯拉宣布再融资20亿美元,包括新发行6.5亿美元普通股(约270万股)以及13.5亿美元的可转债,用于维持公司的整体运营。

2019年5月31日,特斯拉正式宣布国产特斯拉Model 3开放预订。

2019年10月2日,国家企业信用信息公示系统显示,特斯拉在2019年9月27日成立特斯拉建设(上海)有限公司,注册资本100万美元,由特斯拉汽车香港有限公司全资拥有。

2019年11月13日,特斯拉创始人埃隆·马斯克在社交媒体上宣布,特斯拉欧洲超级工厂将选址在德国柏林。欧洲超级工厂从Model Y开始,将建造电池、动力系统和车辆。

图 1-2-9 Tesla Cybertruck 多用途货车

2019年11月22日,特斯拉首席执行官埃隆·马斯克在美国加州洛杉矶举办的活动上发布了该公司第一辆电动多用途货车,名为Cybertruck,如图1-2-9所示。

2020年,特斯拉在其位于弗里蒙特的工厂内搭建一条电池芯试点生产线,该公司计划在这里设计自己的电池芯生产设备。同年8月6日,特斯拉注册成立特斯拉保险经纪有限公司,注册资本为5000万元。

2020年,特斯拉全年销量499550辆。

2021年3月9日,特斯拉中国的运营主体特斯拉(上海)有限公司发生工商变更,经营范围减少了"新能源汽车换电设施销售""电池销售""光伏设备及元器件销售"等。

2021年3月24日,美国特斯拉官网宣布支持比特币付款,特斯拉成为史上第一家支持比特币购车的车企。

二、比亚迪汽车发展历史

比亚迪股份有限公司创立于1995年,2002年7月31日在香港主板发行上市,公司总部位于我国广东深圳,是一家拥有IT、汽车及新能源三大产业群的高新技术民营企业。比亚迪汽车标志在2007年已由蓝天白云的老标志换成了只用三个字母和一个椭圆组成的标志。BYD的意思是Build Your Dreams,即成就梦想,如图1-2-10所示。

a)   b)

图1-2-10   BYD标志

2003年,比亚迪收购西安秦川汽车有限责任公司(现"比亚迪汽车有限公司"),正式进入汽车制造与销售领域,开始民族自主品牌汽车的发展征程。发展至今,比亚迪已建成西安、北京、深圳、上海、长沙、青岛六大汽车产业基地,在整车制造、模具研发、车型开发等方面都达到了国际领先水平,产业格局日渐完善,并已迅速成长为中国最具创新的新锐品牌。汽车产品包括各种高、中、低端系列燃油轿车,以及汽车模具、汽车零部件、双模电动汽车及纯电动汽车等。比亚迪代表车型包括F3、F3R、F6、FO、G3、G3R、13/G6、速锐等传统高品质燃油汽车,S8运动型硬顶敞篷跑车,高端SUV车型S6和MPV车型M6,以及领先全球的F3DM、F6DM双模电动汽车和纯电动汽车E6、唐、宋、汉等,如图1-2-11所示。

2008年10月6日,比亚迪以近2亿元人民币收购了半导体制造企业宁波中纬,整合了电动汽车上游产业链,加速了比亚迪电动汽车商业化的步伐。通过这笔收购,比亚迪拥有了电动汽车驱动电机的研发能力和生产能力。作为电动汽车领域的领跑者和全球二次电池产业的领先者,比亚迪利用独步全球的技术优势,不断制造清洁能源的汽车产品。2008年12月15日,全球第一款不依赖专业充电站的双模电动汽车——比亚迪F3DM双模电动汽车在深圳正式上市。2009年,比亚迪推出纯电动汽车计划。

　　a)比亚迪秦　　　　　　b)比亚迪宋　　　　　　c)比亚迪汉

图1-2-11　比亚迪代表车型

2009年7月25日,比亚迪以6000万元人民币的价格,收购了总部位于长沙的美的三湘客车,获得客车生产准生证。同时,比亚迪与湖南环保产业园管理委员会及长沙经委订立投资合作协议,在湖南环保产业园投资设立新能源客车生产基地,主要从事汽车及汽车零部件生产,计划年产量为40万辆。至此,比亚迪在新能源汽车领域开辟了乘用车及商用车的双重领域。

在研发上,比亚迪设立中央研究院、汽车工程研究院以及电力科学研究院,负责高科技产品和技术的研发,以及产业和市场的研究等;拥有可以从硬件、软件以及测试等方面提供产品设计和项目管理的专业队伍,拥有多种产品的完全自主开发经验与数据积累,逐步形成了自身特色并具有国际水平的技术开发平台。强大的研发实力是比亚迪迅速发展的根本。

借助国家政策以及先发优势,比亚迪在新能源汽车市场中一马当先,2016年销量首次突破10万辆,连续数年稳坐新能源汽车销量冠军宝座。同时,比亚迪继续走向全球:纯电动双层大型客车伦敦交付,K9首次登陆韩国,拿下美国最大的电动货车订单,赢得意大利首个纯电动大型客车招标。如今,比亚迪新能源汽车的足迹,已遍布全球六大洲的50个国家和地区,约240个城市。比亚迪已累计向全球合作伙伴交付超过3.5万辆纯电动客车,2014—2017年连续四年位居10m(含)以上纯电动客车细分市场的全球销量冠军,并占据美国80%以上的纯电动客车市场份额。随着全球各地订单的爆发,比亚迪正逐步完善研发和生产布局,已于中国、美国、巴西、匈牙利和法国等国家设立纯电动商用车工厂。

活动展示

教师组织班级内部分组进行播报本组选定的汽车厂家,师生共同制定评分标准,各组选派代表在规定时间内介绍本组PPT,其他全体同学现场观摩,根据选手表现投票,获得点赞量最多的小组获胜。

活动评价

本活动的活动评价表见表1-2-2。

活动评价表　　　　表1-2-2

评分项 （占比）	是否达到目标 （30%）	活动表现 （40%）	职业素养 （30%）
评价标准（占比）	1.完全达到； 2.基本达到； 3.未能达到	1.积极参与； 2.主动性一般； 3.未积极参与	1.大幅提高； 2.略有提高； 3.没有提高
自我评价（20%）			
组内评价（20%）			
组间评价（30%）			
教师评价（30%）			
总分（100%）			
自我总结			

任务三　了解新能源汽车发展趋势

任务目标

(1)能简单介绍新能源汽车的发展趋势。
(2)能简单介绍我国新能源汽车所选择的技术路径。

任务内容

活动:"把脉行业动向、预测行业未来"

活动："把脉行业动向、预测行业未来"

伴随着人工智能和无线通信技术不断地迭代升级，新能源汽车的发展趋势日渐清晰。通过前两个任务的学习，我们对新能源汽车有了初步的认识。除此之外，同学们还收集到了很多行业资料，本活动中我们对新能源汽车的发展历程进行总结，并对我们收集的资料进行提炼，一同来"把脉行业动向、预测行业未来"。

活动场景

通过在班级内部分组讨论的形式，将本组总结出的新能源汽车发展趋势、我国新能源汽车技术路径介绍给周围汽车专业的同学。

活动目标

（1）能用普通话流利地介绍新能源汽车的发展趋势。
（2）能介绍我国新能源汽车的发展目标。
（3）能合理安排组内分工，在规定时间完成资料的收集、整理、撰稿。

活动计划

1. 分工

2 名资料收集人员：_____　　1 名拍照人员：_____
2 名撰稿人员：_____　　　　1 名编辑：_____
1 名发言人员：_____　　　　1 名后勤：_____

2. 设备准备

_____

_____

3. 小组计划

_____

_____

_____

_____

活动资源

一、新能源汽车的发展趋势

随着科学技术的发展,新能源汽车的主要发展趋势如下。

1. 突破动力电池技术是关键

作为动力源,现在还没有任何一种电池能与石油相提并论,动力电池已成为限制电动汽车发展的瓶颈。2020年3月,比亚迪发布新型磷酸铁锂电池"刀片电池",体积能量密度比传统磷酸铁锂电池提升50%,同时使得电池包的空间利用率从原来的40%提高到60%,大大增加了续驶里程。

2. 驱动电机呈多样化发展

美国倾向于采用交流感应电机,其主要优点是结构简单、可靠,质量较小,但控制技术较复杂。日本多采用永磁无刷直流电机,优点是效率高、起动转矩大、质量较小,缺点是成本高,且有高温退磁、抗震性较差。德国、英国等大力开发开关磁阻电机,优点是结构简单、可靠,成本低,缺点是质量较大,易产生噪声。

3. 纯电动汽车向超微型发展

受续驶里程的影响,纯电动汽车向超微型发展。超微型汽车降低了对动力性和续驶里程的要求,充电过程比较简单,车速不高,较适合于市内或社区小范围内使用。

4. 采用混合动力电动汽车作为过渡产品

混合动力电动汽车是内燃机汽车和纯电动汽车之间的过渡产品,既充分发挥了现有内燃机技术优势,又尽可能发挥电机驱动无污染的优势。

5. 燃料电池电动汽车成为竞争的焦点

燃料电池电动汽车在成本和整体性能上,特别是续驶里程和补充燃料时间上明显优于其他电池的电动汽车,并且燃料电池所用的燃料来源广泛,又可再生,并可实现无污染、零排放等环保标准。因此,燃料电池电动汽车已成为世界各大汽车公司21世纪激烈竞争的焦点。燃料电池及氢动力发动机车型被看作新能源汽车最终的解决方案。

6. 开发新一代车用能源动力系统

开发新一代车用能源动力系统,发展新能源汽车。重点发展各种液态代用燃料发动机及其混合动力汽车,并逐步过渡到发展采用生物燃料的混合动力汽车和可充电的混合动力汽车;进一步发展以天然气为主体的气体燃料基础设施,分步建设长期可持续利用的气体燃料供应网络;以天然气发动机为基础,发展各种燃气动力,尤其是天然气/氢气内燃机及其混合动力;发展新一代燃料电池发动机及其混合动力;大力推进动力电池的技术进步,发展适合我国国情的纯电动汽车尤其是微型纯电动汽车。以城市公交车辆为重点,以点带面,稳步推进新能源汽车的示范与商业化。

7. 政府的政策和资金支持加大

政府对加快新能源汽车的发展起着至关重要的作用,政府要加大资金投入和政策指引,汽车企业要加大对新能源汽车研发的力度;同时要加大示范运行范围和力度,为新能源汽车规模化、产业化发展做准备。

二、我国新能源汽车发展目标及里程碑

纯电动和插电式混合动力电动汽车作为我国新能源汽车的重要组成部分,是我国战略性新兴产业职业,同时也是《中国制造2025》的重点研究领域。在未来15年,纯电动和插电式混合动力电动汽车的产量将逐年迅速增长,相关技术的进步将成为我国加速推进新能源汽车科技创新和相关产业发展的重要力量。

2020年中国汽车工程学会《节能与新能源汽车技术路线图2.0》的发布,再次为新能源汽车技术发展提出了更为明确的思路和路径。

1. 目标及里程碑

面向2025年、2030年、2035年的分阶段目标和里程碑如图1-3-1所示。

到2035年,纯电动和插电式混合动力汽车领域将形成自主、完整的产业链。自主品牌汽车产品技术水平和国际同步,拥有在全球销量进入前5位的一流整车企业,动力电池、驱动电机等关键技术系统实现批量出口,完成纯电动和插电式混合动力电动汽车、融合风/光发电的智能电网整体联网的区域试点,换电技术完成较大规模的示范。

2. 关键核心技术

1) 到 2025 年

整车集成方面:①开发对底盘、电制动和电驱动系统的集成设计技术,实现纯电动汽车产品的平台化;②车载充电机、DC/DC 和电机控制器集成化技术;③集中式驱动和多轴分布式驱动技术。

项目一 新能源汽车检测与维修专业概述

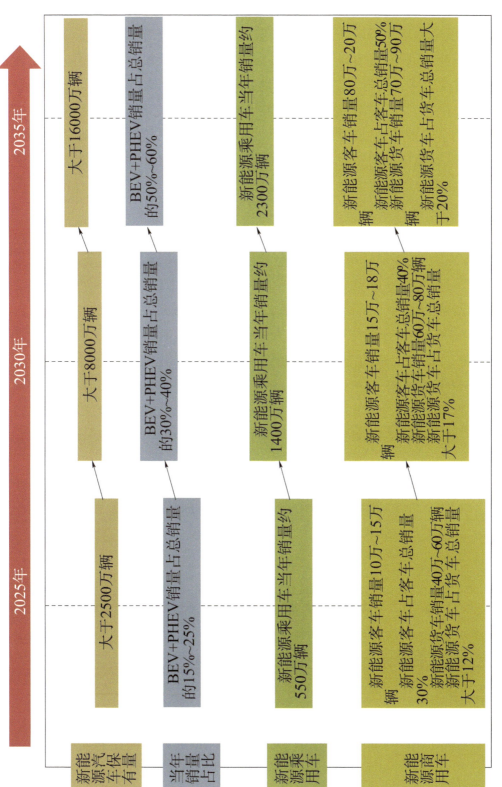

图 1-3-1 纯电动和插电式混合动力电动汽车分阶段目标和里程碑

整车控制方面：①推动行业在2025年前实现三电关键部件达到ASIL-D安全水平；②开展适用不同行驶工况和环境温度的整车能源管理技术及新型智能热管理技术研究；③研发混合动力电动汽车高效专用发动机技术及混合动力整车控制系统优化技术；④开发基于发动机转矩特性、电机转矩特性和转矩协调管理的多动力分配技术；⑤整车控制器具备与全球定位系统、地理信息系统和智能交通系统相结合的智能行驶控制功能；⑥开发基于智能线控技术的制动能量回收技术、高精度智能化转向技术及乘员舱与动力电池的热管理一体化空调系统技术；⑦开发新能源汽车智能化、网联化技术。

2）到2030年

整车集成方面：①开发对底盘、电制动和电驱动系统的集成一体化设计技术；②开发出高效、高比功率/高比转矩的驱动电机及高性能的驱动系统；③推动纯电动汽车模块化、系统化设计技术，整车轻量化技术；④开发新型高效的混合动力总成技术。

整车控制方面：①开发基于驾驶人意图识别和实时路况信息的能量管理技术；②达到L4级以上级别的自动驾驶控制技术。

3）到2035年

整车集成方面：①开发以轮毂电机为基础的新一代动力系统的底盘平台化技术；②开发混合动力电动汽车高效率专用发动机（最高热效率达到55%以上）及动力系统集成技术。

整车控制方面：开发基于自动车规芯片和操作系统、大数据、云计算、智能网联技术的新能源汽车控制技术，包括远程故障诊断和控制系统功能安全、V2X（车对外界的信息交换）等技术。

活动展示

教师组织班级分组进行研讨，轮流发表本组观点，师生共同制定评分标准，各组选派代表发言，参赛选手在规定时间内呈现本组活动成果，其他全体同学现场观摩，根据选手表现投票，获得点赞量最多的小组获胜。

活动评价

本活动的活动任务表见表1-3-1。

活 动 评 价 表

表 1-3-1

评分项 （占比）	是否达到目标 （30%）	活动表现 （40%）	职业素养 （30%）
评价标准（占比）	1. 完全达到； 2. 基本达到； 3. 未能达到	1. 积极参与； 2. 主动性一般； 3. 未积极参与	1. 大幅提高； 2. 略有提高； 3. 没有提高
自我评价（20%）			
组内评价（20%）			
组间评价（30%）			
教师评价（30%）			
总分（100%）			
自我总结			

项目二 新能源汽车检测与维修专业人才培养概述

任务一 认识新能源汽车检测与维修专业对应的岗位群

任务目标

（1）能叙述新能源汽车检测与维修专业学习毕业后所从事的职业岗位名称。
（2）能对应讲述新能源汽车检测与维修专业学习毕业后所从事的岗位职责。

任务内容

活动一：制作"新能源汽车检测与维修专业所从事的职业岗位名称"电子图册
活动二：制作"新能源汽车检测与维修专业所从事的职业岗位职责"电子图册

活动一：制作"新能源汽车检测与维修专业所从事的职业岗位名称"电子图册

根据新能源汽车技术专业职业技术领域发展现状、趋势与人才需求调研分析结果，新能源汽车技术专业主要岗位仍以新能源汽车机电维修、维修业务接待为主。针对现代汽车技术发展现状，从新能源汽车的技术特性来看，新能源汽车技术专业以保证高压用电安全的职业能力、职业资格证书为主，高级汽车维修电工职业资格证书为辅的形式作为本专业的职业资格标准。

分组走访汽车售后服务企业，收集新能源汽车技术方面的岗位设置，在班级内以发言的形式将新能源汽车检测与维修所从事的职业岗位名称介绍给身边的

项目二 新能源汽车检测与维修专业人才培养概述

同学,并将自己收集到的资料进行整理,做成电子图册。

活动目标

(1)能充分调研新能源汽车检测与维修行业、企业,收集职业岗位名称。
(2)能合理安排组内分工,在规定时间内合作完成资料的收集、整理、撰稿。

活动计划

1. 分工

2名资料收集人员:_____　　1名拍照人员:_____

2名撰稿人员:_____　　　　 1名编辑:_____

1名发言人员:_____　　　　 1名后勤:_____

2. 资料收集

_____

_____

3. 电子图册制作思路

_____

_____

_____

活动资源

通过对汽车行业的调研情况来看,新能源汽车检测与维修专业学生毕业后可在汽车运用与维修类企业从事汽车性能检测、汽车维修、汽车运用管理等工作,在毕业时从事的职业岗位有:

(1)汽车维修企业或汽车销售和售后服务一体化企业新能源汽车机电维修;
(2)汽车维修企业或汽车销售和售后服务一体化企业汽车机电维修;
(3)汽车维修企业或汽车销售和售后服务一体化企业维修业务接待;
(4)汽车维修企业或汽车销售和售后服务一体化企业汽车配件管理;
(5)保险公司车辆事故现场勘查;
(6)汽车运输企业汽车技术管理;
(7)汽车性能检测企业汽车性能检测与分析;
(8)汽车制造企业产品车辆性能与质量检验。

活动展示

教师组织班级分组进行,师生共同制定评分标准,各组选派代表参加,参赛选手在规定时间内呈现本组活动成果,其他全体同学现场观摩,根据选手表现投票,获得点赞量最多的小组获胜。

活动评价

本活动的活动评价表见表2-1-1。

活动评价表　　　　　　　表2-1-1

评分项（占比）	是否达到目标（30%）	活动表现（40%）	职业素养（30%）
评价标准(占比)	1. 完全达到; 2. 基本达到; 3. 未能达到	1. 积极参与; 2. 主动性一般; 3. 未积极参与	1. 大幅提高; 2. 略有提高; 3. 没有提高
自我评价(20%)			
组内评价(20%)			
组间评价(30%)			
教师评价(30%)			
总分(100%)			
自我总结			

活动二:制作"新能源汽车检测与维修专业所从事的职业岗位职责"电子图册

随着汽车产业的不断发展,汽车新能源技术不断发展和成熟,生产和研发水平越来越高,对从业人员的素质和技能要求也越来越高。根据新能源汽车技术专业职业技术领域发展现状、趋势与人才需求调研分析结果,新能源汽车技术专业每个岗位都对应行业、企业的岗位任职要求与行为规范。请各小组对收集调研的岗位职责资料进行整理,做成电子图册。

活动场景

分组走访汽车售后服务企业,收集新能源汽车技术方面的岗位设置,在班级内以发言的形式将新能源汽车检测与维修所从事的职业岗位名称介绍给身边的同学,并将自己收集到的资料进行整理,做成电子图册。

活动目标

(1)能充分调研新能源汽车检测与维修行业、企业,收集职业岗位名称。
(2)能合理安排组内分工,在规定时间内合作完成资料的收集、整理、撰稿。

活动计划

1. 分工

2 名资料收集人员:_____   1 名拍照人员:_____
2 名撰稿人员:_____   1 名编辑:_____
1 名发言人员:_____   1 名后勤:_____

2. 资料收集

_____
_____

3. 电子图册制作思路

_____
_____
_____
_____

活动资源

通过对上述各个职业岗位进行的调研分析可知,新能源汽车技术专业主要岗位仍以新能源汽车机电维修、维修业务接待为主。针对现代汽车技术发展现状,从新能源汽车的技术特性来看,新能源汽车技术专业以保证高压用电安全的职业能力、职业资格证书为主,高级汽车维修电工职业资格证书为辅的形式作为本专业的职业资格标准。

1. 新能源汽车机电维修

负责组织、实施汽车的各级别维护；组织、实施对故障车辆的高压防护处理；能够诊断和维修高压系统，实施对故障车辆的检测、诊断和维修；与相关人员进行业务沟通和技术交流；诊断汽车疑难故障，对维修技术问题进行说明并撰写分析报告。

2. 汽车服务顾问（汽车维修接待）

负责售后服务客户汽车（含新能源汽车和传统汽车）进厂维修的接待和基本故障的诊断工作；与客户保持服务跟踪；向客户说明汽车修复情况和费用，解释故障原因并指导客户正确使用和维护汽车；与保险理赔、维修等部门进行沟通联系。

3. 汽车配件管理

根据车间生产规模制订年度配件采购计划并实施，按维修需要及时采购配件；对配件进行质量鉴定；进行配件的库存管理和发放，以及旧件的环保处理。

4. 保险公司事故车辆现场勘查

负责机动车辆出险后的现场查勘；机动车辆的损失鉴定、评估及理算；撰写公估报告并跟踪审核过程。

5. 汽车运输企业车辆技术管理

制订企业车辆年度维护计划并组织实施；车辆维修技术档案的管理；车辆运行性故障的分析；车辆修理方案的制订和组织实施，组织驾驶人进行安全驾驶和节油驾驶的教育。

6. 新能源汽车性能检测与评价

依据相关法律、法规及标准、规定，对新能源汽车进行安全性能检测或综合性能检测，对检测结果进行分析并确认车辆的安全性能和综合技术状况；定期对检测线设备进行维护。

7. 汽车制造企业产品车辆性能与质量检验

依据产品质量标准，对下线新车进行外观检测、安全检测、综合性能检测、各系统工作状况检测，必要时对车辆进行调整以符合出厂要求，填写检验表；对检验不合格车辆填写返工单交车间返修。

项目二 新能源汽车检测与维修专业人才培养概述

活动展示

教师组织班级分组进行研讨,轮流发表本组观点,师生共同制定评分标准,各组选派代表发言,参赛选手在规定时间内呈现本组活动成果,其他全体同学现场观摩,根据选手表现投票,获得点赞量最多的小组获胜。

活动评价

本活动的活动评价表见表 2-1-2。

活动评价表　　　　　　　表 2-1-2

评分项（占比）	是否达到目标（30%）	活动表现（40%）	职业素养（30%）
评价标准(占比)	1. 完全达到； 2. 基本达到； 3. 未能达到	1. 积极参与； 2. 主动性一般； 3. 未积极参与	1. 大幅提高； 2. 略有提高； 3. 没有提高
自我评价(20%)			
组内评价(20%)			
组间评价(30%)			
教师评价(30%)			
总分(100%)			
自我总结			

任务二　归纳培养目标及通用职业能力

任务目标

（1）能熟知新能源汽车检测与维修专业的培养目标。

（2）能熟知新能源汽车检测与维修专业所从事岗位所需具备的通用职业

能力。

任务内容

活动一:制作"新能源汽车检测与维修专业的培养目标"电子图册

活动二:归纳新能源汽车检测与维修专业岗位所需通用职业能力

活动一:制作"新能源汽车检测与维修专业的培养目标"电子图册

走访新能源汽车企业,根据对新能源汽车技术专业职业技术领域发展现状、趋势与人才需求调研分析结果,对应行业、企业的岗位任职要求与行为规范,专业职业安全、职业礼仪、职业生涯等行业特有文化,专业行业生产、经营、服务、管理方式特性,制定专业人才培养目标。

活动场景

分组梳理新能源汽车技术方面的岗位设置,以及各岗位任职要求与行为规范,总结新能源汽车技术专业的人才培养目标,以发言的形式分享给身边的同学,并结合自己收集到的资料进行整理,制订学习计划,做成电子图册。

活动目标

(1)能正确叙述新能源汽车检测与维修专业人才培养目标。

(2)能依据培养目标制订学习计划。

(3)能合理安排组内分工,在规定时间内合作完成资料的收集、整理、撰稿。

活动计划

1. 分工

2 名资料收集人员:_____　　1 名拍照人员:_____

2 名撰稿人员:_____　　1 名编辑:_____

1 名发言人员:_____　　1 名后勤:_____

2. 资料收集

项目二　新能源汽车检测与维修专业人才培养概述

3.电子图册制作思路

_____
_____
_____
_____
_____

活动资源

一、培养目标

本专业培养理想信念坚定,德、智、体、美、劳全面发展,具有一定的科学文化水平,良好的人文素养、职业道德和创新意识,精益求精的工匠精神,较强的就业能力和可持续发展的能力,掌握新能源汽车技术专业的基本知识和主要技术技能,面向新能源汽车修理与维护行业的汽车工程技术人员、汽车制造人员、汽车维修技术服务人员,能够从事新能源整车装配、检测与质量检验,新能源汽车销售、新能源汽车修理与服务等工作的高素质技术技能人才。

二、通过人才培养目标的引导,制订学习计划

请你将学习计划写在下面。

_____
_____
_____
_____
_____

活动展示

教师组织班级分组进行研讨,轮流发表本组观点,师生共同制定评分标准,各组选派代表发言,参赛选手在规定时间内呈现本组活动成果,其他全体同学现场观摩,根据选手表现投票,获得点赞量最多的小组获胜。

活动评价

本活动的活动评价表见表2-2-1。

新能源汽车检测与维修专业概论

活 动 评 价 表　　　　　　表2-2-1

评分项 （占比）	是否达到目标 （30%）	活动表现 （40%）	职业素养 （30%）
评价标准(占比)	1. 完全达到； 2. 基本达到； 3. 未能达到	1. 积极参与； 2. 主动性一般； 3. 未积极参与	1. 大幅提高； 2. 略有提高； 3. 没有提高
自我评价(20%)			
组内评价(20%)			
组间评价(30%)			
教师评价(30%)			
总分(100%)			
自我总结			

活动二：归纳新能源汽车检测与维修专业岗位所需通用职业能力

在新能源汽车的所有职业能力要求中，首要的是要有高压用电安全及其防护能力。要求新能源汽车技术专业的学生，要具备高压用电有基本常识，掌握用电的安全防护方法、高压防护工具的使用，具有安全事故应急处理能力。在这个大前提下，再具备通用职业素养、职业知识和满足职业能力要求。

活动场景

分组梳理新能源汽车技术方面各岗位所具备的通用职业能力，以发言的形式分享给身边的同学，并结合自己收集的资料进行整理，总结新能源汽车技术专业岗位所需的通用职业素养、职业知识和职业能力，做成电子图册。

活动目标

（1）能正确叙述新能源汽车检测与维修专业所从事岗位所需具备的通用职业素养。

(2)能正确叙述新能源汽车检测与维修专业所从事岗位所需具备的通用知识。

(3)能正确叙述新能源汽车检测与维修专业所从事岗位所需具备的通用职业能力。

(4)能合理安排组内分工,在规定时间内合作完成资料的收集、整理、撰稿。

活动计划

1. 分工

2名资料收集人员:_____　　1名拍照人员:_____

2名撰稿人员:_____　　1名编辑:_____

1名发言人员:_____　　1名后勤:_____

2. 资料收集

_____

_____

3. 电子图册制作思路

_____

_____

_____

活动资源

一、通用职业素质

(1)拥护中国共产党领导和我国社会主义制度,践行社会主义核心价值观,具有爱国情感和中华民族自豪感。

(2)遵纪守法、崇德向善、尊重生命、诚实守信、热爱劳动,履行道德准则和行为规范,具有社会责任感。

(3)具有安全意识、质量意识、环保意识、工匠精神、信息素养、创新思维。

(4)勇于奋斗、乐观向上,具有自我管理能力、职业生涯规划的意识,有较强的集体意识和团队合作精神。

(5)具有健康的体魄、心理和健全的人格,热爱运动并养成良好的健身与卫生习惯,具有良好的行为习惯。

(6)具有一定的审美和人文素养,能够形成一两项特长或爱好。

二、通用知识

(1)具有必备的思想政治理论、科学文化基础知识和中华优秀传统文化知识。

(2)能说出3~4点与本专业相关的法律法规以及环境保护、安全消防等知识。

(3)能说出新能源汽车的基本结构、高压电的安全防护和技术措施。

(4)能画出新能源汽车整车动力电源分配和网络架构。

(5)能迁移新能源汽车专业所需的机械识图、汽车电器、电工电子等专业知识。

(6)能牢记并回答新能源汽车动力电池管理系统和电路控制逻辑知识。

(7)能区分不同类型电机的工作原理,说出永磁同步电机的工作原理;能讲出汽车暖风和空调系统的控制原理。

(8)能牢记新能源汽车的充电类型和交直流充放电控制逻辑知识。

(9)能看懂新能源汽车故障诊断仪所对应的汽车故障。

(10)能用计算机完成各种新能源汽车维修单据、表格处理。

(11)了解新能源汽车企业售后服务、接待索赔等基本知识。

三、通用职业能力

(1)具有良好的语言、文字表达和沟通能力。

(2)具有探究学习、终身学习、分析问题和解决问题的能力。

(3)能够熟练识别新能源汽车的组件和仪表报警灯的含义。

(4)能够根据用户手册或维护手册要求,对新能源汽车进行一般维护。

(5)能够遵循安全操作规范,对新能源汽车主要总成进行高压断电、高压绝缘检测、装配、检验与调试。

(6)能够进行新能源汽车高压驱动系统的性能检测和组件更换。

(7)具备对新能源汽车电池动力系统、暖风和空调系统的检测和组件更换。

(8)能够进行新能源汽车电路分析、CAN总线的检测和分析。

(9)能够对新能源汽车故障码和数据流进行分析,并对常见故障进行维修。

(10)能够进行新能源汽车售后服务、接待、配件管理等。

活动展示

教师组织班级分组进行研讨,轮流发表本组观点,师生共同制定评分标准,

项目二　新能源汽车检测与维修专业人才培养概述

各组选派代表发言,参赛选手在规定时间内呈现本组活动成果,其他全体同学现场观摩,根据选手表现投票,获得点赞量最多的小组获胜。

活动评价

本活动的活动评价表见表2-2-2。

活动评价表　　　　　　　　　　表2-2-2

评分项 （占比）	是否达到目标 （30%）	活动表现 （40%）	职业素养 （30%）
评价标准(占比)	1.完全达到； 2.基本达到； 3.未能达到	1.积极参与； 2.主动性一般； 3.未积极参与	1.大幅提高； 2.略有提高； 3.没有提高
自我评价(20%)			
组内评价(20%)			
组间评价(30%)			
教师评价(30%)			
总分(100%)			
自我总结			

任务三　设置课程

任务目标

（1）能熟练说出新能源汽车检测与维修专业所开设的课程；

（2）能简单介绍新能源汽车检测与维修专业各个课程所开设的目的；

（3）能详细介绍新能源汽车检测与维修专业专业课的开设目的,并结合目的简单说说自己对专业课的了解。

任务内容

活动:"我的课程我来说",视频制作比赛

活动:"我的课程我来说",视频制作比赛

活动场景

新生家长到学院招生就业处想了解一下新能源汽车检测与维修专业开设哪些课程以及课程开设的目的是什么。用你的方式选择新能源汽车检测与维修专业中的一门课程向新生家长介绍一下,让其对这门课程能有深刻的印象,最终将介绍的过程以视频的形式记录下来。

活动目标

能用普通话流利地向新生家长介绍新能源汽车检测与维修专业中的一门课程的开设目的,能将介绍过程(视频、照片)合成为2min左右的视频。

视频要求:
(1)"剧本"合理、完整;
(2)介绍时能使用普通话,大方、得体;
(3)视频完整、清晰。

活动计划

将学生分成若干小组,每组选取汽车钣金与涂装专业中的一门课程,各小组选取的课程不能重复。

1. 分工

2名新生家长:_____　　　1名介绍人员:_____
1名摄像人员:_____　　　1名拍照人员:_____
1名导演:_____　　　　　1名编剧:_____
1名后期制作人员:_____

2. 设备准备

_____

3. 剧本准备

_____
_____
_____

活动拓展

小游戏——"找到它的好朋友"

将新能源汽车检测与维修专业中的每门课程名称及每门课程的开设目的制作成小卡片。每门课程名称和这门课程的开设目的是"好朋友",请同学们为每门课程名称找到它的"好朋友"。

活动资源

一、新能源汽车检测与维修专业主要开设课程

新能源汽车检测与维修专业课程设置主要分为专业(技能)课程和公共课程,各部分的课程设置情况分别见表2-3-1和表2-3-2。

专业(技能)课程设置　　　　表2-3-1

课程模块名称	课程类型	主 要 课 程
专业课程	专业基础课程	汽车机械识图、汽车机械基础、新能源汽车电工电子技术、新能源汽车概论、汽车构造、汽车单片机技术
	专业核心课程	新能源汽车安全用电与防护、新能源汽车动力电池与管理技术、新能源汽车电气技术、驱动电机及控制技术、新能源汽车综合故障诊断、充电站运营与管理
	专业拓展课程	智能网联汽车技术、电动汽车结构与原理、新能源汽车维护、二手车鉴定与评估、汽车生产现场管理、汽车美容技术、汽车涂装技术、燃料电池汽车技术、新能源汽车轻量化技术、汽车售后服务管理、汽车商务礼仪
实践课程	专业实践课程	电工电子实训、汽车拆装实训、动力电池检修实训、新能源汽车综合故障诊断实训、顶岗实习、毕业设计

公 共 课 程 设 置　　　　　　表 2-3-2

序　号	课程名称	序　号	课程名称
1	思政	6	职业生涯规划
2	语文	7	就业指导
3	数学	8	安全
4	体育	9	汽车维修企业管理
5	计算机		

二、各课程开设的目的

(一)专业(技能)课程

专业(技能)课程包括6门专业基础课程、6门专业核心课程、11门专业拓展课程和6门专业实践课程。实践性教学环节主要包括实验、实训、实习、毕业设计、社会实践等。

统筹安排各类课程设置,注重理论与实践一体化教学;结合实际开设汽车车身修复技术、汽车涂装技术、汽车美容技术、二手车鉴定与评估、汽车售后服务与管理、汽车商务礼仪等方面的选修课程、拓展课程或专题讲座(活动),并将有关内容融入专业课程教学;将创新创业教育融入专业课程教学和相关实践性教学;开设其他特色课程;组织开展德育活动、志愿服务活动和其他实践活动。实训在校内实验实训室、校外实训基地等开展完成;社会实践、顶岗实习由学校组织在相应企业开展完成。

1. 专业基础课程

1)汽车机械识图

汽车机械识图课程是技工院校汽车类专业的一门重要专业基础课程,该课程开设的目的是使学生掌握机械制图的基本知识,能熟练阅读中等复杂程度的零件图和简单的装配图,能徒手绘制较简单的零件图和简单的装配图,了解机械制图国家标准和行业标准,培养空间想象力和以图表现物体三维特征的能力,能进行简单的零件测绘,养成严谨、细致的工作作风。

2)汽车机械基础

汽车机械基础课程是技工院校汽车类专业的一门专业基础课程。该课程开设的目的是使学生通过本课程的学习,可以将机械传动、常用机构、常用零件、液压传动等与汽车专业方面的知识和技能紧密结合起来,使学生掌握必备的机械基础知识和基本技能,懂得机械工作原理,为后续专业课程的学习奠定基础。例如,刮水器控制臂四连杆机构如图 2-3-1 所示。

3)新能源汽车电工与电子基础

电工电子技术已经广泛应用于生产和生活的各个领域,大部分汽车类专业也会涉及仪器仪表的使用和维护及其注意事项。开设新能源汽车电工与电子基础课程可以使学生具备所需的电路分析、模拟电子技术、电气控制技术等基本知识和基本技能,让学生更加安全、正确使用和维护设备,并能正确检修设备。

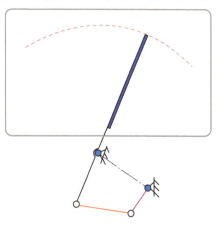

图 2-3-1 刮水器控制臂四连杆机构

此外,随着科技的发展,新能源电动汽车将会是未来发展趋势,学好新能源汽车电工与电子基础课程可为学生掌握职业技能,提高全面素质,增强职业应变能力和继续学习的能力打下一定的基础。

4)新能源汽车概论

新能源汽车概论课程的开设目标是:①了解新能源汽车的发展历史;②了解目前商品化的纯电动汽车、混合动力电动汽车、燃料电池电动汽车基本构型;③了解电动汽车的基本组成元件名称及作用,拓展其他新能源汽车的类型及基本构型。

新能源汽车概论课程的主要教学内容是:①新能源汽车电力驱动系统构造,新能源汽车的类型,发展新能源汽车的必要性和新能源汽车发展现状及趋势;②电动汽车用动力电池和驱动电机,纯电动汽车、混合动力电动汽车和燃料电池电动汽车的结构和基本原理;③天然气汽车、液化石油气、汽车甲醇、燃料汽车、乙醇燃料汽车、二甲醚燃料汽车、氢燃料汽车和太阳能汽车的特点、发展现状及趋势;④新能源汽车电力驱动系统检修,纯电动汽车和传统汽车的不同,电动汽车基本结构原理;⑤纯电动汽车的基本结构原理,进行电动汽车常见检修;⑥混合动力电动汽车的结构和工作原理,混合动力电动汽车的检修。

5)汽车构造

汽车构造课程的开设目标是:①掌握汽车各总成和零部件的结构、工作原理及它们之间的相互关系,掌握汽车结构的一般规律,通过对课程的学习,培养学生的实训能力,养成良好的职业素养;②使学生认识发动机、底盘、电气设备的基本组成结构,系统掌握汽车底盘的结构及工作原理,掌握汽车发动机、底盘相关系统的拆装与检修,熟练使用相关工具及设备。

汽车构造课程的主要教学内容是:①汽车整体结构组成;②发动机总体构造及工作原理;③曲柄连杆机构、配气机构、供给系统、起动系统、点火系统、润滑系统、冷却系统的结构及工作原理;④汽车传动系统的功用、组成和结构;⑤汽车行驶系统的功用、组成和结构;⑥汽车转向系统功用、组成和结构;⑦汽车制动系统功用、组成和结构。

6) 汽车单片机技术

汽车单片机技术课程的开设目标是:①了解单片机技术在工业控制、经济建设和日常生活中的应用;②掌握单片机指令系统与编程技术、中断系统及应用、定时器及应用、外围设备与单片机的接口技术和单片机应用系统设计;③具备新产品设计开发能力,设计一款带左转、直行和右转三种通行灯的交通信号灯系统,培养严谨的工作作风和创新能力。

汽车单片机技术课程的主要教学内容是:①单片机技术在工业控制、经济建设和日常生活中的应用;②单片机的基本结构原理、存储体系结构;③单片机指令系统与编程技术;④单片机中断系统及应用;⑤定时器及应用、外围设备与单片机的接口技术;⑥单片机应用系统设计方法。

2. 专业核心课程

1) 新能源汽车安全用电与防护

(1) 典型工作任务:常用电子元器的测量;新能源车辆高压作业检测设备工具的使用;维修车间安全防护与急救措施。

(2) 职业核心能力:具有安全、文明生产以及环境保护意识;具有事业心和责任感,爱岗敬业,乐于奉献;具有积极进取及创新精神;具有良好的团队协作、沟通交流的能力;了解高压电基础理论;熟悉新能源汽车安全保护装置;熟悉新能源汽车维修专用高压车间场地与设施要求;熟悉高压安全操作程序;熟悉高压安全防护要求;能够对新能源汽车高压部件进行识别;能够熟练使用新能源汽车维修工具及检测设备;能够熟练使用高压安全操作必备的防护工具;能够按照标准进行高压安全操作;能够正确采取新能源汽车触电应急处理措施。

2) 新能源汽车动力电池与管理技术

(1) 典型工作任务:新能源汽车控制系统的功能和控制策略;新能源汽车总线控制系统故障诊断。

(2)职业核心能力:具有安全、文明生产以及环境保护意识;具有事业心和责任感,爱岗敬业,乐于奉献;具有积极进取及创新精神;具有良好的团队协作、沟通交流的能力;了解动力电池发展历程;掌握电动汽车动力电池基本知识;掌握动力电池种类及其应用;掌握新能源汽车电源管理系统工作原理;能够对动力电池进行充电维护;能够对新能源汽车动力电池绝缘性能进行检测;能够对新能源汽车动力电池管理系统进行检测;能够对新能源汽车动力电池系统进行故障排除。

3)新能源汽车电气技术

(1)典型工作任务:汽车电器控制电路的分析;汽车电器系统故障诊断思路与方法;汽车电动系统的故障诊断与排除;汽车舒适与娱乐系统的拆装、故障诊断与排除。

(2)职业核心能力:具有安全、文明生产以及环境保护意识;具有事业心和责任感,爱岗敬业,乐于奉献;具有积极进取及创新精神;具有良好的团队协作、沟通交流的能力;熟悉新能源汽车电器的布置类型;掌握汽车电路图基本知识;掌握新能源汽车电器安全技术性能检测的相关知识;掌握新能源汽车电器工作原理知识;能熟练使用新能源汽车电器性能检测工具、设备;能熟练使用新能源汽车维修手册;能够对新能源汽车电器各部件进行检测;能够对新能源汽车照明、音响、空调等进行检测。

4)驱动电机及控制技术

(1)典型工作任务:进行新能源汽车驱动电机性能的检测;驱动电机零部件检测及维修更换;新能源汽车驱动电机常见故障诊断的方法和技能。

(2)职业核心能力:具有安全、文明生产以及环境保护意识;具有事业心和责任感,爱岗敬业,乐于奉献;具有积极进取及创新精神;具有良好的团队协作、沟通交流的能力;熟悉新能源汽车的结构和特点;掌握新能源汽车中主要使用的几种电动机——直流电动机、交流感应电动机、交流永磁电动机和开关磁阻电动机的结构、原理及应用;熟悉对上述电动机调速、分析及控制的方法;掌握新能源汽车驱动电机系统故障排除的思路;能够正确使用驱动电机检修的相关设备;能够进行驱动电机拆装的基础操作;能够进行驱动电机系统故障诊断。

5)新能源汽车综合故障诊断

(1)典型工作任务:熟记汽车技术状况数据;填写检查的范围、检测的程序方法、检验单;通过检测仪器、设备,对故障车辆进行综合分析;新能源汽车故障诊断程序、诊断步骤和方法。

(2)职业核心能力:具有安全、文明生产以及环境保护意识;具有事业心和责任感,爱岗敬业,乐于奉献;具有积极进取及创新精神;具有良好的团队协作、沟通交流的能力;学会借助维修手册等资料,分析新能源汽车综合故障原因;制订故障诊断与检测的作业计划,确定故障部位,排除故障;进行检查和反馈;在故障诊断与排除过程中,仪器设备等使用符合劳动安全和环境保护规定;能够在前台与客户进行沟通,对故障车辆进行评估,并按计划实施维修;填写工作任务单,借助专用的检测仪器、设备对汽车故障进行诊断;能够对车辆故障进行检测并恢复;提高车辆技术状况,调整技术参数,并对此予以说明;根据相关的制度、规范,开展服务工作;对已经掌握的数据,要能够解释说明、分析利用和评估;在征得客户同意的前提下,排除之前已检测确定的交通安全和运行安全的隐患。

6)充电站运营与管理

(1)典型工作任务:充电桩维护与保养;事故、灾害应急。

(2)职业核心能力:具有安全、文明生产以及环境保护意识;具有事业心和责任感,爱岗敬业,乐于奉献;具有积极进取及创新精神;具有良好的团队协作、沟通交流的能力;熟悉消防设施安全管理制度;了解充电桩安放地点;了解电动汽车充电桩结构;了解充电桩操作规范及维护、保养相关技术资料;了解常用工具、设备的使用方法;能够制订充电站运营的工作计划;能够对电动汽车充电站进行日常维护;能够为多种车型更换电池;能够对充电桩进行检修。

3. 专业拓展课程

1)智能网联汽车技术

(1)工作任务:识别智能网联汽车的组成部件,能够简单安装、检测。

(2)职业拓展能力:了解智能网联汽车技术分级发展现状及前景;了解新能源汽车传感器技术、无线通信技术、车载网络技术、辅助驾驶技术;培养自主学习、终身学习的能力;掌握智能网联汽车的结构,各种关键技术的控制原理;线通信技术传感器技术,汽车辅助,驾驶系统;能识别智能网联汽车的组成部件;能简单安装检测。

2)电动汽车结构与原理

(1)工作任务:电动汽车基本结构认知;分析电动汽车行驶工况及原理;拆解动力电池组;分解电动机及发电机,分析运行原理;说出高压电安全防护注意点及展示技术措施。

(2)职业拓展能力:通过该课程的学习,让学生掌握纯电动汽车的机构、组成及各个模块的工作原理;具备初步的电动汽车结构分析能力;培养自主学习、终身学习的能力;掌握新能源汽车的基本结构、高压电的安全防护和技术措施;掌握新能源汽车整车动力电源分配和网络架构知识;掌握新能源汽车动力电池管理系统和上电控制逻辑知识;区分不同类型电机的工作原理,说出永磁同步电机的工作原理;能讲出汽车暖风和空调系统的控制原理;能说出新能源汽车的基本结构、高压电的安全防护和技术措施;能画出新能源汽车整车动力电源分配和网络架构;能迁移新能源汽车专业所需的机械识图、汽车电器、电工电子等专业知识。

3)新能源汽车维护

(1)工作任务:掌握基本的新能源汽车维护注意事项及技能。

(2)职业拓展能力:具有严谨的工作态度、团队合作精神和质量意识;了解汽车的地位作用及发展;熟悉汽车的车辆识别号码(Vehicle Indentification Number,VIN),熟知名车车标,掌握汽车的基本组成,汽车油品性能;汽车操作检查安全知识,各项基本操作要领;能说出新能源汽车的基本结构、高压电的安全防护和技术措施;能够安全、正确进行汽车起动;能够正确进行汽车换挡;能够正确使用汽车安全带,能够进行汽车灯光、汽车车窗、汽车刮水器、汽车音响、汽车空调等的基本操作与检查。

(二)公共课程

1. 思政

为深入贯彻落实习近平总书记关于教育的重要论述和全国教育大会精神,把思想政治教育贯穿人才培养体系,全面推进思政建设,发挥好每门课程的育人作用,提高人才培养质量,特设置思政课。

2. 语文

语文作为中等职业学校必修的文化基础课,本课程在专业中的性质、作用、地位如下:语文是最重要的交际工具,是人类文化的重要组成部分。工具性与人文性的统一,是语文课程的基本特点。语文课程可以指导学生正确理解与运用祖国的语言文字,注重基本技能的训练和思维发展,加强语文实践,培养语文的应用能力,为综合职业能力的形成,以及继续学习奠定基础,提高学生的思想道德修养和科学文化素养,弘扬民族优秀文化和吸收人类进步文化,为培养高素质劳动者服务。

中等职业学校语文课程要在九年义务教育的基础上,培养学生热爱祖国语言文字的思想感情,使学生进一步提高正确理解与运用祖国语言文字的能力,提高科学文化素养,以适应就业和创业的需要。遵循技术技能人才成长规律,彰显职业教育特色,加强教学内容与社会生活、职业生活的联系,突出语文实践;注重语文课程与专业课程的融通与配合,指导学生学习必需的语文基础知识,掌握日常生活和职业岗位需要的现代文阅读能力、写作能力、口语交际能力。

3. 数学

数学教育作为教育的组成部分,在发展和完善人的教育活动中、在形成人们认识世界的态度和思想方法方面、在推动社会进步和发展过程中起着重要的作用。在现代社会中,数学教育又是终身教育的重要方面,它是公民进一步深造的基础,是终身发展的需要。数学教育在中等职业教育中占有重要的地位,它可使学生掌握数学的基本知识、基本技能、基本思想方法,使学生表达清晰、思考有条理,使学生具有实事求是的态度,使学生学会用数学的思考方式去认识世界,解决问题。

中等职业教育的培养目标是培养在生产、服务和管理第一线工作的初中级专门技术人才和高素质劳动者,具体来说,以培养综合职业能力为核心,使学生具备良好的思想素质和一定的科学文化素质,具有健康的心理,具备适应就业需要的职业素质。

数学课程的任务是:

(1)提高学生的数学素养,使学生掌握社会生活所必需的一定的数学基础知识和基本运算能力,具备基本计算工具的使用能力,培养学生的数学思维能力,发展学生的数学应用意识。

(2)为学生学习职业知识和形成职业技能奠定基础。

(3)为学生接受继续教育、终身教育和自我发展、转换职业岗位提供必要的条件。

以代数、几何内容为基础,注重与生活实际和专业课程学习的联系,增加趣味性与可读性,降低数学知识的系统性要求,降低推理和证明的难度,强调低起点、可接受、重应用的原则,使学生愿意学、学得懂、学了会用,使数学基础不同的学生都能获得不同程度的提高。教学课程注重提高学生的数学思维能力,强调数学思想方法的应用,以利于激发学生学习数学的兴趣,发展学生的数学应用意识。

4. 体育

体育课程是中等职业学校各类专业学生必修的文化基础课。

体育课程旨在全面提高学生身体素质，发展身体基本活动能力，增进学生身心健康，培养学生从事未来职业所必需的体能和社会适应能力；使学生掌握必要的体育与卫生保健基础知识和运动技能，增强体育锻炼与保健意识，了解一定的科学锻炼和娱乐休闲方法；注重学生个性与体育特长的发展，提高自主锻炼、自我保健、自我评价和自我调控的能力，为学生终身锻炼继续学习与创业立业奠定基础。

通过体育教学，进行爱国主义、集体主义和职业道德与行为规范教育，提高学生社会责任感。

5. 计算机

设置本课程的目的，在于通过本课程的学习，使学生在基本掌握计算机基础知识的基础上，理解一些计算机的常用术语和基本概念；学生能较熟练地使用Windows 操作平台，熟练掌握 Office 的主要软件，对音频、视频、动画等信息能进行简单的处理，具有网络的入门知识。通过对本课程的学习，培养学生的自学能力和获取计算机新知识、新技术的能力，使学生具有使用计算机工具进行文字处理、数据处理、信息获取三种能力。

总之，本课程旨在培养学生掌握计算机应用的实际操作能力。对于各专业的学生而言，应具有熟练地使用计算机操作系统、熟练办公软件、熟练上网操作的能力，以提高其综合素养。

6. 职业生涯规划

（1）知识目标：了解大学生就业形势；掌握职业生涯规划与设计的基本方法；掌握职业生涯决策、求职应聘等通用技能。

（2）能力目标：能实现职业态度转变，建立积极正确的职业态度；具备自我认识、自我规划的能力；掌握与同学、老师、上级、同事建立良好合作关系的方法和技巧。

（3）素养目标：树立积极的人生观、价值观、就业观、择业观和职业发展观；确立明确积极的人生目标和职业理想；培养敬业奉献精神和诚信守法意识。

7. 就业指导

（1）知识目标：了解国家及当地的就业形势、就业方针政策，把握职业选择的原则和方向；了解职业发展的阶段特点；认识自己的特性、职业的特性以及社会环境；掌握就业权益、劳动法规的相关知识；掌握基本的劳动力市场信息、相关的职业分类知识以及创业的基本知识,树立创业意识。

(2)能力目标:掌握信息搜索与管理技能;掌握求职的技巧和礼仪;能根据自身的条件、特点、职业目标、职业方向、社会需求等情况,选择适当的职业;提高自我探索能力、独立思考和勇于创新的能力;提高沟通技能、问题解决技能、自我管理技能、人际交往技能和团队协作精神等。

(3)素养目标:激发学生的社会责任感,增强学生自信心,树立正确的择业就业和职业道德观念;把个人发展和国家需要、社会发展相结合,确立职业的概念和意识,愿意为个人的生涯发展和社会发展主动付出积极的努力。

8. 安全

(1)知识目标:了解安全基本知识;了解校园安全隐患;掌握与安全问题相关的法律法规和校规校纪;明确危害安全的行为。

(2)能力目标:掌握各种不同安全问题的应对策略;掌握紧急情况下的逃生策略。

(3)素养目标:认识安全的必要性,树立正确的安全意识及安全防卫心理,增强社会责任感。

9. 汽车维修企业管理

(1)知识目标:掌握汽车维修企业管理概述;掌握企业管理的经营与策略;掌握企业的生产管理;掌握企业质量管理;掌握企业财务管理;掌握企业人力资源管理。

(2)能力目标:能对案例进行分析,并举一反三;能做到理论与实践相结合。

(3)素养目标:培养学生的团队协作精神和沟通能力;培养学生的语言表达能力和社会交往能力;培养学生的企业管理意识,增强其思维能力、自我学习和提升的能力;培养学生的职业道德观念、敬业精神和社会责任感。

活动展示

教师组织班级分组进行研讨,轮流发表本组观点,师生共同制定评分标准,各组选派代表发言,参赛选手在规定时间内呈现本组活动成果,其他全体同学现场观摩,根据选手表现投票,获得点赞量最多的小组获胜。

活动评价

本活动的活动评价表见表2-3-3。

项目二　新能源汽车检测与维修专业人才培养概述

活动评价表　　　　　　　　　　表 2-3-3

评分项 （占比）	是否达到目标 （30%）	活动表现 （40%）	职业素养 （30%）
评价标准(占比)	1.完全达到； 2.基本达到； 3.未能达到	1.积极参与； 2.主动性一般； 3.未积极参与	1.大幅提高； 2.略有提高； 3.没有提高
自我评价(20%)			
组内评价(20%)			
组间评价(30%)			
教师评价(30%)			
总分(100%)			
自我总结			

任务四　保障达成学习目标

任务目标

(1)能介绍新能源汽车检测与维修专业技能训练场地。
(2)能简单介绍各优秀学生团队，能详细介绍至少1个最关注的团队。
(3)能简单介绍各社团组织，能详细介绍至少1个最关注的社团。

任务内容

活动一："我的地盘我来说"，视频制作比赛
活动二："他们就是最靓的仔"电子宣传图册制作

活动一："我的地盘我来说"，视频制作比赛

实训中心是培养我们职业能力、技术应用能力的实践训练场所，主要模拟企业生产实践环境，培养可以胜任企业需要的职业操作技能。实训中心对完成学

习任务、达到学习目标起着重要的作用。

实训中心是我学习专业技能的起点,实训中心的全部都是助力我成才的伙伴,我会努力了解它们、学习它们、呵护它们,我为有这些伙伴而骄傲,我愿意自豪地将他们介绍给大家。

活动场景

校外某单位领导到校想了解一下新能源汽车检测与维修实训场地,用自己的方式向领导们介绍一下,让其对我们的实训场地能有深刻印象,最终将介绍的过程以视频的形式记录下来。

活动目标

(1)能用普通话流利地向参观人员介绍实训场地。
(2)能将介绍过程(视频、照片)合成为2min左右的视频。
(3)视频要求:
①"剧本"合理、完整;
②介绍时能使用普通话,大方、得体;
③视频完整、清晰。

活动计划

1. 分工
2 名领导:_____   1 名介绍人员:_____
1 名摄像人员:_____   1 名拍照人员:_____
1 名导演:_____   1 名编剧:_____
1 名后期制作人员:_____
2. 设备准备
_____
_____
3. 剧本准备
_____
_____
_____
_____

活动资源

一、新能源汽车检测与维修实训中心

新能源汽车检测与维修实训中心效果图如图 2-4-1 所示。

图 2-4-1　新能源汽车检测与维修实训中心效果图

二、雄厚的师资队伍

专业带头人全面负责人才培养方案的顺利实施并保证人才培养质量。根据专业教学需要由专业带头人、骨干教师、兼职教师组成专业教学团队,明确教学团队人员结构和工作职责,相互合作,满足人才培养的需要。

1. 队伍结构

专业教学团队师资情况统计表见表 2-4-1。

专业教学团队师资情况统计表　　　　表 2-4-1

项　　目		人数(人)	比例(%)
专/兼任教师		13	100
职称结构	正高级实习指导教师	1	7.7
	高级讲师	3	23.1
	讲师	3	23.1
	助教	6	46.1

续上表

项　　目		人数(人)	比例(%)
学位结构	博士研究生	1	7.7
	硕士研究生	3	23.1
	本科	9	69.2
年龄结构	35岁以下	9	69.2
	36~45岁	3	23.1
	46~60岁	1	7.7
双师型教师		13	100
专业带头人		1	7.7

2. 专业带头人

郇延建：男，1979年10月出生，中共党员，大学本科学历，高级讲师职称，汽车维修工高级技师资格，机动车检测维修工程师。先后被授予"临沂市首席技师""全国交通技术能手"荣誉称号；被山东省人力资源和社会保障厅授予"优秀指导教师""优秀裁判员"荣誉称号；被临沂市授予"临沂市优秀共产党员""临沂市技术能手""临沂市劳动之星""临沂市振兴沂蒙劳动奖章""临沂市新长征突击手""临沂市创新能手""临沂市优秀共青团干部""市级优秀教学奖"等荣誉称号；多次被学院授予"优秀班主任""优秀教师""优秀共产党员"等荣誉称号；获得学院首届"教学名师"和首届"十佳班主任"荣誉称号。

三、教学设施

教学设施主要包括能够满足正常的课程教学、实习实训所需的专业教室、实训室和实训基地。专业教室配备黑(白)板、多媒体计算机、投影设备、音响设备，互联网接入或Wi-fi环境，并具有网络安全防护措施。安装应急照明装置并保持良好状态，符合紧急疏散要求、标志明显，保持逃生通道畅通无阻。新能源汽车技术专业校内实训室配置见表2-4-2，校外实训基地一览表见表2-4-3。实训相关设施设备如图2-4-2~图2-4-10所示。

新能源汽车技术专业校内实训室配置　　表2-4-2

序号	实训室	实训室资源	服务课程
1	新能源汽车基础模块实训中心	数字绝缘表、示波器、示波电脑、绝缘工具包、绝缘工具箱、新能源培训教材、智能E考试系统、万用表、工作台、手持示波器、万用接线盒	新能源汽车概论、新能源汽车电工电子技术、汽车构造、汽车机械基础、汽车机械识图、电动汽车结构与原理
2	新能源汽车"三电"实训中心	充电桩、电池特性实训平台、电动汽车驱动电机控制系统、除颤器、万用表、电动汽车能量供给系统实训平台、接地电阻仪、手持示波器、万用接线盒、动力电池管理系统智能实训台、交直流充电智能实训台、纯电动汽车动力电池及管理系统训练台、纯电动汽车动力电池及管理系统训练台智能教学系统V1.0、纯电动汽车高压电控总成训练台、纯电动汽车高压电控总成训练智能教学系统V1.0、纯电动汽车电驱动系统训练台、纯电动汽车电驱动系统训练智能教学系统V1.0	新能源汽车安全用电与防护、新能源汽车动力电池与管理技术、新能源汽车电气技术、驱动电机及控制技术、新能源汽车综合故障诊断、充电站运营与管理

续上表

序号	实训室	实训室资源	服务课程
3	新能源汽车整车维护与故障维修实训中心	龙门式双柱举升机、新能源专用诊断仪、动力电池举升车、万用表、专用绝缘工具车、绝缘扭力扳手、绝缘扭力扳手、纯电动轿车（北京牌）、新能源汽车、纯电动底盘综合实训台、纯电动汽车整车控制示教板、纯电动车主控制器理实一体化实训台、纯电动汽车动力电池及管理一体化实训台、纯电动汽车驱动电机理实一体化实训台、纯电动汽车交流电机控制器及变速解剖模型增强现实（Augmented Reality，AR）实训系统、永磁同步交流电机翻转架、新能源汽车故障诊断仪、教学车辆（比亚迪）、故障诊断器、油液加注机、冷却液回收与加注机、接地电阻仪、一体化集成工量具套装、交流充电桩、车辆检测电气台、手持示波器、万用接线盒、发动机性能测试台、汽车电器构造实训台、纯电动汽车电动空调系统训练台、纯电动汽车电动空调系统训练台智能教学系统V1.0、纯电动汽车电控助力转向系统训练台、纯电动汽车电控助力转向系统训练台智能系统V1.0	职业技能综合实训（低压电工证）、汽车售后服务管理、新能源汽车维护、智能网联汽车技术、新能源汽车轻量化技术、汽车构造、充电站运营与管理、新能源汽车动力电池与管理技术、新能源汽车电气技术、驱动电机及控制技术、新能源汽车综合故障诊断

新能源汽车技术专业校外实训基地一览表　　表 2-4-3

序号	实训基地名称	对应的学习领域
1	山东瑞驰汽车系统有限公司	新能源汽车装配
2	雷丁电动汽车有限公司	新能源汽车生产装配
3	山东英创天元教育科技公司	新能源汽车电控系统检修
4	上汽通用五菱青岛分公司	新能源汽车生产装配
5	山东中杭新智能科技公司	动力电池系统维护与检修
6	临沂绿动易行汽车销售服务公司	新能源汽车维护与检修
7	山东瑞驰汽车系统有限公司	新能源汽车装配
8	山东翔宇汽车服务有限公司	新能源汽车营销与服务
9	广汇临沂君来汽车服务有限公司	新能源汽车营销与服务
10	临沂大华汽车服务有限公司	新能源汽车维护与检修

图 2-4-2　纯电动汽车底盘综合实训台

图 2-4-3　新能源汽车检测控制台架和永磁同步交流电机实训台

图 2-4-4　纯电动车交流电机、控制器及变速器实训系统和动力总成拆装专用工作台

图 2-4-5　比亚迪纯电动汽车和吉利帝豪纯电动汽车

图 2-4-6　纯电动车整车控制示教板和比亚迪分控车架

图 2-4-7　动力电池 PACK 组装平台、纯电动车主控制器和动力电池及电池管理实训台

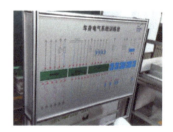

图 2-4-8　新能源纯电动车驱动电机理实一体化、电动汽车交流充电和车身电气系统训练台

图 2-4-9　冷却液回收与自动加注机、电动汽车充电桩和油液回收机

图 2-4-10　剪式举升机、个人安全防护设备和组合工具套装

四、教学方法

积极开展教学方法改革,采用多媒体教学、"一体化"教学等多种教学形式,推动研究性教学,推广先进的教学方法,有效培养学生的创新能力和技术应用能力;积极开展教学手段改革,必修课中平均有80%的课时使用多媒体授课。

(1)实行"任务驱动、项目导向"教学模式改革。

(2)关心学生个人成长的目标,对学生进行个性化的人才培养方案设计。

(3)建立健全工学结合、校企合作的人才培养模式。

以真实项目引领、工作过程驱动、课程体系和市场行业需求贯穿、相关知识点的融入组织优化教学内容,有效保障工学结合课程的设计和实施。

新能源汽车检测与维修一体化上课实况如图 2-4-11 所示。

图 2-4-11　新能源汽车检测与维修一体化上课实况

活动展示

教师组织班级分组进行研讨,轮流发表本组观点,师生共同制定评分标准,各组选派代表发言,参赛选手在规定时间内呈现本组活动成果,其他全体同学现场观摩,根据选手表现投票,获得点赞量最多的小组获胜。

活动评价

本活动的活动评价表见表2-4-4。

活动评价表　　　　　　　表2-4-4

评分项（占比）	是否达到目标（30%）	活动表现（40%）	职业素养（30%）
评价标准(占比)	1.完全达到； 2.基本达到； 3.未能达到	1.积极参与； 2.主动性一般； 3.未积极参与	1.大幅提高； 2.略有提高； 3.没有提高
自我评价(20%)			
组内评价(20%)			
组间评价(30%)			
教师评价(30%)			
总分(100%)			
自我总结			

活动二:"他们就是最靓的仔"电子宣传图册制作

活动场景

校外某单位领导到校想了解一下我校的一些优秀学生队伍,用自己的方式向领导们介绍一下,让其对我们的实训场地能有深刻印象,最终将介绍的过程以视频的形式记录下来。

项目二 新能源汽车检测与维修专业人才培养概述

活动目标

(1) 能用普通话流利地向参观人员介绍各优秀团队和社团。
(2) 能将介绍过程(视频、照片)合成为2min左右的视频。
(3) 视频要求：
① "剧本"合理、完整；
② 介绍时能使用普通话，大方、得体；
③ 视频完整、清晰。

活动计划

1. 分工

2 名领导：_____   1 名介绍人员：_____
1 名摄像人员：_____   1 名拍照人员：_____
1 名导演：_____   1 名编剧：_____
1 名后期制作人员：_____

2. 设备准备

_____
_____

3. 剧本准备

_____
_____
_____

活动资源

一、比赛训练团队

巴哈车队(图2-4-12)是汽车学院优秀团队之一，他们努力拼搏、奋勇争先，多次在比赛中获奖。

二、国旗班

国旗班(图2-4-13)以升旗、降旗、爱旗、护旗为自己的神圣职责，用青春的汗水和真诚捍卫着祖国国旗的尊严,形成了一道亮丽的校园风景线。国旗班的优秀表现展现了山东交通技师学院学子独有的风采,以崭新的面貌树起了山东交通技师学院的一面独特旗帜。国旗班每一届的队员都秉承着"生命不息、奋斗不止"的信念,默默为这个集体付出,紧紧围绕学校赋予国旗班的工作重心,同心协力,顽强拼搏,圆满完成了学校交予的各项任务。

图 2-4-12　巴哈车队

训练团队介绍

图 2-4-13　国旗班

汽车学院
国旗班介绍

三、学生会

学生会(图 2-4-14)是现在学校中的组织结构之一,是学生自己的群众性组织,是学校联系学生的桥梁和纽带。学生应该自觉接受学生会的领导、督促和检查,积极支持学生会的各项工作。参加学生会不仅可以锻炼我们的能力、提高自身修养,还可以帮助他人,交到更多的朋友,可以作为进入社会的提前适应阶段。

汽车学院
学生会介绍

图 2-4-14　学生会

(1)宿管部:检查、督促宿舍楼道、楼梯及宿舍内部卫生。

(2)卫生部:检查、督促教学楼楼道、楼梯及卫生区卫生。

(3)文体部:组织学生开展文体活动和周末人数清点工作。

(4)纪检部:负责课间、自习、晚休等时间段的纪律检查。

(5)办公室:汇总统计各量化表格以及其他电子文档制作。

(6)社团部:负责协助、督促各社团有序开展活动。

除以上各部门任务外,学生会还协助学院完成各项大型活动组织任务,例如迎新工作、运动会、各类晚会、演讲比赛、技能比赛等。

四、汽车学院社团

社团活动作为汽车学院第二课堂的主要阵地和特色品牌之一,一直深受广大同学们的好评。社团活动是校园文化建设的主要阵地,是加强和改进学生思想政治教育的重要途径,是学生创新精神和实践能力培养的重要载体。社团活动以其具有的思想性、艺术性、知识性、趣味性、多样性的多种形式吸引着广大学生参与其中,已成为广大学生丰富校园生活、参与学校活动、延伸求知领域、扩大交友范围的一种重要方式。

汽车学院社团由学生会社团部统一管理,下设龙鼓盛世社团、篮球社团、足球社团、乒乓球社团、演讲社团、歌唱社团、跆拳道社团、羽毛球社团、摄影社团等多个社团,同学们也可以根据自己的喜好成立新的社团。

(1)龙鼓盛世社团(图2-4-15)以学习传统舞龙、锣鼓为主,新学期还将开设舞狮学习。该社团荣获山东省第十届全民健身运动会舞龙舞狮锣鼓网络比赛少年组二等奖、临沂市一等奖的佳绩。

龙鼓盛世
社团介绍

图 2-4-15　龙鼓盛世社团

(2)篮球社团(图2-4-16)是我校最早成立的社团之一,也是比较受学生喜爱的一个社团。社团制定社团章程,建立和完善社团自主管理和发展的运行机制,完善社团成员管理考核制度,建立社团评审制度,为社团的发展提供良好的基础和保证。

(3)足球社团(图2-4-17)是一个以开展文娱和体育活动为目的的非营利性质的学生社团。加入足球社团可以促进学生身心健康发展,培养德、智、体、美全面发展的人才。足球社团的宗旨是发扬我校足球运动,发掘足球天赋人员,增强体育锻炼,健强体魄,积极组织同学们参加活动。

图2-4-16 篮球社团

图2-4-17 足球社团

(4)歌唱社团(图2-4-18)以"快乐歌唱、享受歌唱"为宗旨,通过社团活动这个平台,使同学们互相交流,互相学习,提高自身的歌唱能力。社团自成立以来,通过有计划地学习和有目的地训练,队员的个人素质和综合素质都得到了较大的提升,演唱技巧和技能、表演技巧、艺术素养都有长足的进步。

(5)演讲社团(图2-4-19)致力于学生公众表达能力的提升,以"投资口才就是投资未来"为理念,旨在实现展现学生讲的艺术、说的风采,促进学生口才文化与和谐人际关系建设,提高学生的文化素质,丰富校园文化生活,活跃校园文化气氛,在艺术实践活动中进行爱党、爱国、爱家、爱校教育,陶冶情操。

图2-4-18 歌唱社团

图2-4-19 演讲社团

(6)跆拳道社团(图2-4-20)是我院最早成立的社团之一。跆拳道起源于朝鲜半岛,经历千年洗礼和锤炼,以"始于礼,终于礼"的精神为基础,讲究礼仪。"礼仪"是跆拳道基本精神的具体体现。跆拳道具有防身、健身、修身养、娱乐观赏等多方面的作用,是练习者精神和身体的综合修炼,使练习者在艰苦的磨炼中培养出理想的人格和体魄,并能够真正掌握防身自卫的本领。

(7)羽毛球社团(图2-4-21)旨在提高羽毛球技艺,组织学校学生进行羽毛球比赛,强健同学们的体魄。羽毛球社团汇集学校热爱羽毛球的同学在课外时间进行锻炼,丰富同学们的课余生活。

图 2-4-20　跆拳道社团

图 2-4-21　羽毛球社团

(8)摄影社团(图2-4-22)的每一位社员都对摄影抱有浓厚的兴趣,在日常生活中时常拿起相机拍下自己认为美的东西。摄影魅力在于按下快门、记录感动的刹那。很多美不需要太多优美的动作去诠释,而恰恰仅需要一个画面去记录每个永恒的瞬间。每一个社员都会用眼睛、用专业的知识、用手头的工具,去观察和记录身边稍纵即逝的美。

图 2-4-22　摄影社团

汽车学院部分
社团介绍

活动展示

教师审核视频,学生以小组为单位在自媒体上展示,获取点赞量。

活动评价

本活动的活动评价表见表2-4-5。

活 动 评 价 表　　　　　　表 2-4-5

评分项 （占比）	是否达到目标 （30%）	活动表现 （40%）	职业素养 （30%）
评价标准（占比）	1. 完全达到； 2. 基本达到； 3. 未能达到	1. 积极参与； 2. 主动性一般； 3. 未积极参与	1. 大幅提高； 2. 略有提高； 3. 没有提高
自我评价(20%)			
组内评价(20%)			
组间评价(30%)			
教师评价(30%)			
总分(100%)			
自我总结			

项目三 新能源汽车检测与维修专业技术概述

任务一 新能源汽车使用安全

任务目标

（1）能通过跟客户交流、查阅相关维修技术资料等方式获取车辆信息。
（2）能识别新能源汽车的常用电子器件。
（3）能说出新能源汽车常用电力电子器件的作用和工作特性。
（4）能进行简单的电路连接，对二极管、晶体管、MOS管等器件进行测试。
（5）能识别新能源汽车高压系统及线束。
（6）能说出新能源汽车的高低压标准及高压危害。
（7）能进行简单的急救。

任务内容

活动一：电工知识我来讲
活动二：防护工作我会做
活动三：高压危害我知道，电气伤害我会救

活动一：电工知识我来讲

活动场景

小王是某纯电动汽车4S店刚入职的维修工，师傅让他抓紧时间学习汽车电工的基本技能，以便快速了解新能源汽车并能完成简单的维护维修作业。小王在学习晶体管的开关作用时不是很理解，你能告诉小王晶体管是如何"开"和

"关"的吗?

活动目标

（1）能用普通话讲解相关内容。

（2）利用制作表格和PPT的方式将电气原件的工作原理和使用注意事项表达清楚,并将表格讲解出来,制作成为一个5min左右的视频。

（3）视频要求：

①介绍时能使用普通话,大方、得体；

②思路清晰,能讲解出电气元件的功能及简单测量；

③视频完整、清晰。

活动计划

1. 小组分工

1名介绍人员：_____　　1名摄像人员：_____

1名拍照人员：_____　　2名材料收集汇总：_____

1名导演：_____　　　1名后期制作人员：_____

每人完成后可进行角色互换。

2. 设备准备

_____

_____

3. 剧本准备

_____

_____

_____

活动资源

一、电的三要素

（1）电流。电流是指流经电路的电流量,单位为安培,常用字母A表示。

（2）电压。电压是使电流流过电路的一种压力,单位为伏特,常用字母V表示。电压越高,流过电路的电流就越大。

(3)电阻。电阻是电子通过物体的困难程度,单位为欧姆,常用字母 Ω 表示。

二、电的三大效应

(1)热效应。当电流经过电阻时,电阻会产生热的现象,如点烟器、熔断丝等。

(2)光效应。当电流经过电阻时,电阻会发光,如灯泡。

(3)电磁感应。当电流经过导体或线圈时,导体或线圈周围空间会产生电磁场,如交流发电机、继电器等。

三、电压

(1)直流电压。电压值和极性保持不变的电压称为恒定(理想)的直流电压。电压值变化而极性保持不变的电压称为直流电压,如图3-1-1a)所示。最常用的直流电压源如蓄电池,轿车蓄电池标称电压为12V。纯电动汽车动力电池为直流电压,如北汽电动汽车 EV160 动力电池额定电压为320V。

(2)交流电压。数值大小和极性不断变化的电压称为交流电压,如图3-1-1b)所示。交流电压的特点是其方向呈周期性变化。我国的单相交流电压为220V,三相动力电压为380V,频率为50Hz。

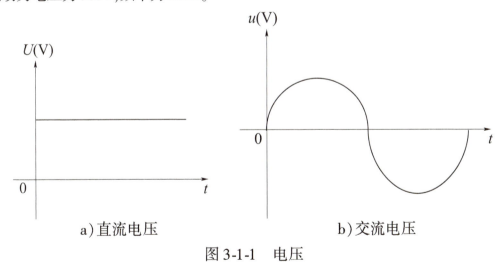

a)直流电压 b)交流电压

图 3-1-1 电压

四、电流

电压是产生电流的原因,只有在闭合的电路内才会有电流流动。电流有直流电流、交流电流和脉动电流三种,如图3-1-2所示。

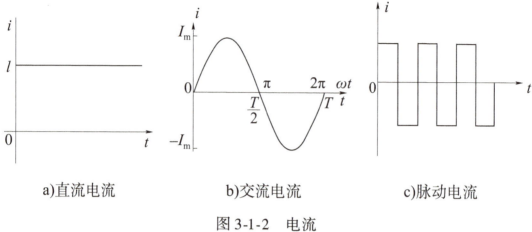

a) 直流电流　　　　　　b) 交流电流　　　　　　c) 脉动电流

图 3-1-2　电流

（1）直流电流。电流流动不随时间改变，这种电流称为直流电流，用 DC 表示，电流向从正极流向负极。

（2）交流电流。电流的大小和方向呈周期性变化，这种电流称为交流电流，用 AC 表示。

（3）脉动电流。在一个电路中，直流电源和交流电源同时起作用，就会产生脉动电流。脉动电流是直流电流和交流电流叠加的结果。

五、电阻

电阻元件是反映电流热效应这一物理现象的理想电路元件，用字母 R 表示，简单说就是阻碍电流流动。导体本身的电阻取决于导体的尺寸、电阻率和温度。导体越长，电阻值越大；导体横截面越大，电阻越小。

电阻可分为定值电阻、可调电阻和敏感电阻。阻值不能调节的电阻，称为定值电阻或固定电阻；阻值可以调节的电阻，称为可调电阻。除了常规的电阻外，还有一些新型电阻，即敏感电阻，是指器件带性对温度、电压、湿度、光照、气体、最场、压为等作用敏感的电阻。敏感电阻的符号是在常通电阻的符号中加一斜线，并在旁标进敏感电阻的类型。新型电阻器主要有压敏电阻、热敏电阻、光敏电阻等，这些新型电阻器被广泛应用于汽车上。按封装类型不同，有直插式电阻和贴片式电阻两种；按电阻材料不同，有金属膜电阻、碳膜电阻、水泥电阻、绕线电阻；按功率大小不同，有 1/8W、1/4W、1/2W、1W、2W 等；按精密程度不同，有普通电阻和精密电阻。

常见的电阻外形如图 3-1-3 所示。

电阻在电路中的作用很多，常用作分压器、分流器和负载电阻；与电容器一起可以组成滤波器及延时电路;在电源电路或控制电路中用作取样电阻;在晶体管电路中用偏置电阻确定工作点;用电阻进行电路的阻抗匹配;用电阻进行降压或限流;在电源电路中作为去耦电阻使用等。图3-1-4所示为北汽纯电动汽车EV160电机控制器内部的功率电阻和贴片电阻。

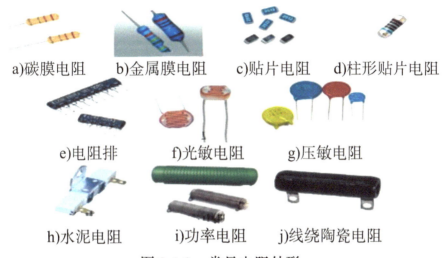

a)碳膜电阻　　b)金属膜电阻　　c)贴片电阻　　d)柱形贴片电阻

e)电阻排　　　f)光敏电阻　　　g)压敏电阻

h)水泥电阻　　i)功率电阻　　　j)线绕陶瓷电阻

图3-1-3　常见电阻外形

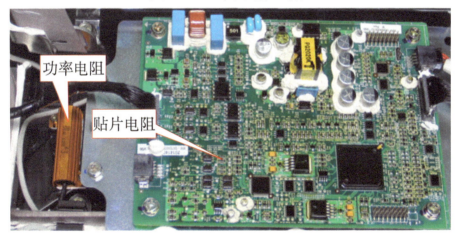

图3-1-4　功率电阻和贴片电阻

六、电容

任何两个彼此绝缘又相隔很近的导体(包括导线)间都构成一个电容。组成电容的两个导体称为极板,中间的绝缘材料称为电介应,如图3-1-5所示。常用电容按照介质区分有纸介电容、油浸纸介电容、金属化纸介电容、云母电容、薄膜电容、陶瓷电容、电解电容。在构造上,电容又分为固定电容和可变电容。电容对直流电阻力无穷大,即电容有隔直流作用;电容对交流电的阻力受交流电频率影响,频率越高,阻力越小;频率越低,阻力越大。

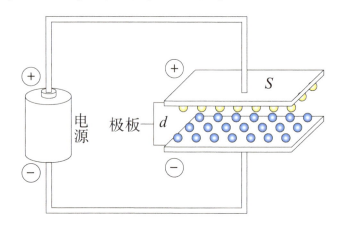

图 3-1-5　电容

把电容的两极分别与直流电源的正负极相接后,与电源正极板相接的极板上的电子被电源正极吸引使极板带正电荷,电容的另一个极板会从电源负极获得等量的负电荷,从而使电容储存了电荷,这种是电容储存电荷的过程叫作充电。充电后,电容两个极板总是带等量的异种电荷,两极板之间形成电场,具有电场能,和负载接通时能够向负载放电。一些常用的电容外形如图 3-1-6 所示。

图 3-1-6　常见电容外形

电容是储存和容纳电荷的装置,也是储存电场能量的装置。电容和电阻在汽车中大量使用,汽车上的控制模块都离不开电容。电容是电力电子设备中大量使用的电子元件之一,广泛应用于隔直、耦合、旁路、滤波、调谐回路、能量转换等。由于电容的储能作用,当电路断电后,电容两端的电荷不能瞬间消失,需要对外放电才能使电容两端电压降为 0V,在电容没有放电完成前,不要触碰电容正负极,以免触电。

七、线圈和电感

线圈在新能源汽车上有多种应用,例如在车辆电气系统上,用在电机和继电器内;在车辆电子系统上,用在感应式传感器内,用于测量转速等数据。另外,线圈还用于能量输送及变压器中。常见线圈外形如图 3-1-7 所示。

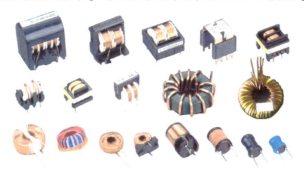

图 3-1-7　常见线圈

电感是衡量线圈产生电磁感应能力的物理量。给一个线圈通入电流,线圈周围就会产生磁场,线圈中就有磁通量通过。磁力线的形状为闭合的圆圈。磁场的方向可通过右手螺旋定则判定。通入线圈的电流越大,磁场就越强,通过线圈的磁通量就越大。实验证明,通过线圈的磁通量和通入的电流是成正比的,它们的比值叫作自感系数,也称电感。在线圈中放入铁可使磁场强度增大,带有铁芯的线圈称为电磁铁。

将线圈应用在继电器内,通电时可产生磁场,形成电磁吸力,使开关闭合或断开,实现用电流控制大功率电路的目的。

八、电磁感应

导体或线圈在磁场中运动时,导体或线圈内就会产生一个电压;或者磁场强度改变时,导体或线圈内也会产生电压,该过程称为电磁感应,产生的电压称为感应电压,如图 3-1-8 所示。感应电压的大小与磁场强度、电导体移动速度或磁通量的变化率等因素有关。

九、半导体

半导体是电导率处于强导电性金属和绝缘体之间的材料。为了有目的地影响或控制半导体的电导率,可将杂质掺入半导体,掺杂时加入具有特定晶体结构的不同化合价外部原子。在室温条件

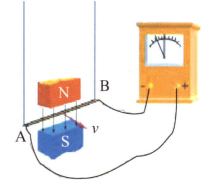

图 3-1-8　电磁感应

下半导体的导电性很低,半导体受到热、光、电压形式的能量或磁场影响时,其电导率就会发生变化。

(1)二极管。二极管是一种由两种不同的半导体区域,即由 P 层和 N 层构成的电子元件。二极管使用塑料或金属外壳对半导体晶体进行保护,以免受到机械损伤。两种半导体层与外部进行电气连接,P 层形成阳极,N 层形成阴极。二极管的结构和电路符号如图 3-1-9 所示。

图 3-1-9　二极管的结构和电路符号

二极管最大的特性是单向导电性,也就是电流只可以从二极管的一个方向向另一个方向流过。二极管按材料不同分为硅二极管和锗二极管。硅二极管开启电压一般在 0.7V 左右,锗二极管开启电压一般在 0.3V 左右。对硅二极管而言,也就是当阳极电压大于阴极电压 0.7V 时,二极管即可从阳极到阴极导通,反向则不导通。二极管有整流、检波、稳压等作用,是重要的电子元件之一。

汽车上用到很多发光二极管(Light Emitting Diode,LED)、光敏二极管、稳压二极管和整流二极管等。其中,发光二极管正向导通时能够发光,如图 3-1-10 所示。发光二极管比普通灯泡发热小、工作电压低。可以用万用表判断二极管的好坏,方法为:将万用表调至电阻挡,测量二极管两端电阻,如果正向电阻很小,反向电阻很大,这就说明二极管是好的。

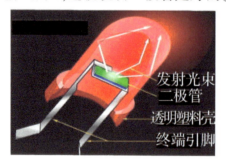 

图 3-1-10　发光二极管

(2)晶体管。晶体管是由三个半导体层组成的电子元件,每个半导体层都有一个电气插限电头。根据半导体层的分布方式不同,晶体管分为 NPN 型晶体管和 PNP 型晶体管。这三个半导体层及其插头称为发射极(E)、基极(B)和集电极基(C)。晶体管的结构和电路符号如图 3-1-11 所示。

常见的晶体管外形如图 3-1-12 所示。

晶体管有截止、放大、饱和三种工作状态。其中,放大状态主要应用于模拟电路中,且用法和计算方法也比较复杂。数字电路主要使用的是晶体管的开关特性,只用到了截止与饱和两种状态,是一种电流控制型半导体器件。在功率电路中,常将晶体管当作电子开关使用,用来驱动功率器件,实现小电流控制大电流的目的。

图 3-1-11　晶体管结构和电路符号

图 3-1-12　常见晶体管外形

(3)MOS 管。MOS 管的英文全称为 MOSFET(Metal Oxide Semiconductor Field Effect Transistor),即金属氧化物半导体型场效应管,属于场效应管中的绝缘栅型。因此,MOS 管有时被称为绝缘栅场效应管。MOS 管的结构及电路符号如图 3-1-13 所示。图中,G 称为 MOS 管的栅极,S 称为 MOS 管的源极,D 称为 MOS 管的漏极。MOS 管的栅极 G、源极 S、漏极 D,分别对应于晶体管的基极 B、发射极 E、集电极 C,它们的作用相似。

MOS 管与二极管和晶体管不同。二极管只能通过正向电流,反向截止,不能控制；晶体管通俗讲就是小电流放大成受控的大电流，功率较小；MOS 管可实现小电压控制大电流，功率较大。常见的 MOS 管外形如图 3-1-14 所示。

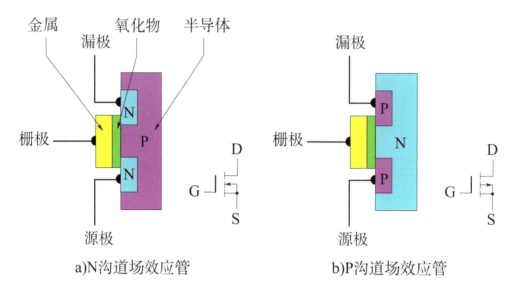

图 3-1-13　MOS 管结构及电路符号

图 3-1-14　常见的 MOS 管外形

MOS 管按沟道材料类型不同，分为 N 沟道和 P 沟道两种；按导电方式不同，分为 N 沟道耗尽型和增强型、P 沟道耗尽型和增强型四大类，如图 3-1-15 所示。MOS 管是多数载流子参与导电，温度稳定性好，开关频率高，功耗低。MOS 管通常被用于放大电路或大功率开关电路，例如电磁炉的加热控制、小功率电机的驱动控制等。

（4）绝缘栅双极型晶体管。绝缘栅双极型晶体管也称 IGBT(Insulated Cate Bipolar Transistor），是由双极型晶体管（Bipolar Junction Transistor，BJT）和 MOS（绝缘栅场效应管）组成的复合全控型电压驱动式功率半导体器件，其输入极为 MOS-FET，输出极为 PNP 晶体管，IGBT 的结构、等效电路及电路符号如图 3-1-16 所示。

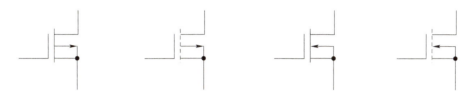

a）N沟道耗尽型　　b）N沟道增强型　　c）P沟道耗尽型　　d）P沟道增强型

图 3-1-15　MOS 管的类型

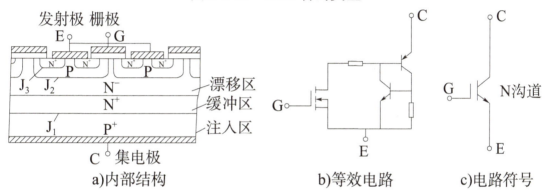

a）内部结构　　　　b）等效电路　　　　c）电路符号

图 3-1-16　IGBT 的结构、等效电路及电路符号

活动展示

教师审核视频，学生以小组为单位在自媒体上展示，获取点赞量。

活动评价

本活动的活动评价表见表 3-1-1。

活动评价表　　　　表 3-1-1

评分项 （占比）	是否达到目标 （30%）	活动表现 （40%）	职业素养 （30%）
评价标准（占比）	1. 完全达到； 2. 基本达到； 3. 未能达到	1. 积极参与； 2. 主动性一般； 3. 未积极参与	1. 大幅提高； 2. 略有提高； 3. 没有提高

续上表

评分项 （占比）	是否达到目标 （30%）	活动表现 （40%）	职业素养 （30%）
自我评价(20%)			
组内评价(20%)			
组间评价(30%)			
教师评价(30%)			
总分(100%)			
自我总结			

活动二：防护工作我会做

活动场景

小王是某纯电动汽车 4S 店的维修工，早晨接到一辆故障车（BYD e5 纯电动汽车），师傅让小王对该电动汽车进行下电，以保证安全检修。你能告诉小王如何安全规范地对此车进行下电操作吗？

活动目的

(1) 能正确识别和使用新能源汽车个人及车间防护用具。
(2) 能正确识别高压系统警示标志。
(3) 能正确识别和使用新能源汽车检测仪器、工具和设备。
(4) 能正确规范地对纯电动汽车和混合动力汽车进行下电操作。

活动计划

1. 小组分工
1 名演示人员：_____   1 名摄像人员：_____
1 名拍照人员：_____   2 名材料收集汇总人员：_____
1 名导演：_____   1 名后期制作人员：_____
每人完成后可进行角色互换。

2. 设备准备

___

___

3. 剧本准备

___

___

___

___

活动资源

一、个人防护用具

对新能源汽车进行维修作业时,必须按照厂家维修手册的要求进行。为防止作业时人的身体触碰到高压电,维修新能源汽车时需要佩戴个人防护用具。新能源汽车常用的个人高压防护用具包括绝缘手套、绝缘鞋、绝缘靴、绝缘服、防护眼镜、绝缘帽等,如图 3-1-17 所示。

高压系统防护
工具的检查

图 3-1-17　个人防护用具

进行电气作业时,应使用绝缘胶布覆盖所有的电线或端子。在电动车辆维修开关(也称维修塞)被拔出后,应使用绝缘胶布包住维修塞槽。

在进行任何有关高压组件或线路的操作时,需要使用橡胶制成的绝缘手套,绝缘手套可以防止双手触碰到高压电,这些手套通常被认为是电工手套。按照国家标准《带电作业用绝缘手套》(GB/T 17622—2008)规定,绝缘手套电压等级共分五级,0级绝缘手套的适用电压为380V,1级绝缘手套的适用电压为3000V,2级绝缘手套的适用电压为10000V,3级绝缘手套的适用电压为20000V,4级绝缘手套的适用电压为35000V。新能源汽车用绝缘手套耐压等级须在1级以上。使用绝缘手套前要先进行测漏检查;防护眼镜可防止腐蚀液体或电弧伤害眼睛;绝缘鞋可防止高压电通过大地与人体形成导电回路,主要适用于高压电力设备方面电工作业时作为辅助安全工具,在1000V以下可作为基本安全用具;绝缘帽可以防止头部碰触到高压电;绝缘服可以防止身体碰触到高压电。

二、车间防护设备

新能源汽车常用的车间防护设备主要有防静电工作台、绝缘胶垫、灭火器、隔离带、车间警示标志等。

1. 防静电工作台

防静电工作台如图3-1-18所示。在对新能源汽车电力电子部件或总成进行检测时,防静电工作台可防止静电击穿电力电子器件。

2. 绝缘胶垫

绝缘胶垫又称绝缘毯、绝缘垫、绝缘胶皮、绝缘垫片等,如图3-1-19所示。绝缘胶垫具有较大体积电阻率,耐电击,用于配电等工作场合的台面或铺地绝缘材料,能起到较好的绝缘效果。

图3-1-18 防静电工作台

图3-1-19 绝缘胶垫

3. 灭火器

灭火器有干粉灭火器、泡沫灭火器及二氧化碳灭火器等。干粉灭火器使用方便、有效期长，一般家庭使用的灭火器都是这一类型，如图3-1-20所示。它适用于扑救各种易燃、可燃液体和易燃、可燃气体火灾，以电气设备火灾。泡沫灭火器适用于扑救各种油类火灾和木材、纤维、橡胶等固体可燃物火灾。二氧化碳灭火器灭火性能高、毒性低、腐蚀性小、扑火后不留痕迹，使用比较方便，

图3-1-20　干粉灭火器

适用于扑救各种易燃、可燃液体和可燃气体火灾，还可扑救仪器仪表、图书档案和低压电气设备以及60V以下的电器初期火情。

新能源汽车火灾是指纯电动汽车、油（气）电混合动力汽车及设备故障或引起其他新能源汽车，由于发生交通事故、自身设备故障或引燃等原因，导致车辆起火，造成人员伤亡和财产损失的火灾。当新能源汽车发生火灾时，应及时报警并根据现场情况救助被困人员。如果火势处于初期阶段，且有被困人员时，可使用干粉灭火器对火势进行压制。

4. 隔离带

隔离带的主要作用将高压电气系统的作业场地隔离，防止其他人员随意进入，达到隔离和警示的目的。隔离带如图3-1-21所示。

三、常用仪器、工具和设备

高压绝缘检测

1. 万用表

万用表可以用来测量电路中的电流、电压及电阻，以及测试电路的通断和二极管是否导通等。常用的数字万用表组成如图3-1-22所示。

2. 绝缘电阻表

绝缘电阻表也称兆欧表，是电工中常用的一种测量仪表，以兆欧（MΩ）为单位。兆欧表用来检查电气设备、家用电器或电气线路对地及之间的绝缘电阻，以保证这些设备电器和线路工作在正常状态，避免发生触电伤亡及设备损坏等事故。图3-1-23所示为数字绝缘表，常用于变压器、电机、线缆、开关、电器等各种电气设备及绝缘材料的绝缘电阻测量。

图 3-1-21　隔离带

图 3-1-22　数字万用表

图 3-1-23　数字绝缘表

3. 数字钳形表

数字钳形表是一种用于测量正在运行的电气线路电流大小的仪表，可在不断电的情况下测量电流，是专门测量大电流的电工仪器。数字钳形表分为直流钳形表、交流钳形表和交直流钳形表三种。交直流钳形表如图 3-1-24 所示，该钳形表可进行交直流电压和电流测量，在交流和直流模式下，可读取高达 100V 的电压和 100A 的电流，并能够测量高达 500Hz 的频率。

图 3-1-24　交直流钳形表

4. 示波器

示波器是一种用途十分广泛的电子测量仪器，它能把肉眼看不见的电信号变换成看得见的波形，便于人们研究各种电现象的变化过程。示波器分为单通道示波器、双通道示波器和多通道示波器。

利用示波器能观察各种不同信号幅度随时间变化的波形曲线，还可以用它测试各种不同的电量,包括电压、电流、频率、相位差、调幅度等。常用的便携式多通道数字示波器如图 3-1-25 所示。

5. 单体电池内阻测试仪

单体电池内阻测试仪能够精确测量蓄电池两端的电压和内阻,并以此来判断蓄电池电池容量和技术状态的优劣。现在的智能蓄电池测试仪既能准确测量蓄电池健康状态、荷电状态以及连接电阻,还能通过在线方式显示并记录单节或多组电池的电压、内阻、容量等重要参数,精确有效地挑选出落后的电池,并可与计算机及专用电池数据管理软件产生测试报告,跟踪电池的衰变趋势,并提供维护建议。单体电池内阻测试仪如图 3-1-26 所示。

图 3-1-25　便携式多通道数字示波器

图 3-1-26　单体电池内阻测试仪

单体电池检测仪表的使用

四、绝缘工具及安全使用

由于新能源汽车的电压等级与传统汽车不同,在进行新能源汽车维护作业时,需要使用满足绝缘等级要求的新能源汽车专用工具,如图 3-1-27 所示。

1. 绝缘工具的定义

绝缘工具是指可以在额定电压 1000V（交流电压）和 1500V（直流电压）的带电和近电工件或器件上进行维修作业的手工工具。

图 3-1-27　新能源汽车专用工具

2. 绝缘工具依据的标准

欧盟标准 EN 60900:2012/VDE 0682Part201《耐压最高为 1000V AC 和 1500V

DC 的带电作业手工具》被国际电工委员会作为国际标准发布,我国于 2008 年等同采用国际标准 IEC 60900 制定了国家标准《交流 1kV、直流 1.5kV 及以下等级带电作业用绝缘工具》(GB/T 18269—2008)。

新能源汽车常用绝缘工具,包括 1/2 公制六角套筒、12.5mm 绝缘快速脱落棘轮扳手、12.5mm 系列绝缘接杆、12.5mm 系列绝缘 T 形柄、12.5mm 系列绝缘内六角旋具套筒、10mm 系列绝缘六角套筒、绝缘快速脱落棘轮扳手、10mm 系列绝缘接杆、3/8 绝缘延长接杆、双色绝缘一字螺钉旋具、双色绝缘十字螺钉旋具、绝缘耐压斜嘴钳、绝缘耐压钢丝钳、绝缘耐压尖嘴钳、绝缘耐压活动扳手、防护式 VDE 电缆剥线刀、开口绝缘扳手、梅花绝缘扳手,可将这些设备放在一个工具车中,该车作为新能源汽车专用工具车使用。

使用绝缘工具时要注意以下事项:

(1)应避免高温烘烤,以防手柄或绝缘层变形。

(2)在使用或存放时应避免利器割裂绝缘层。

(3)在佩戴绝缘手套时,先戴一副面纱手套用以吸附手汗,操作时在绝缘手套外加戴一副帆布手套或羊皮手套,以防导线或电缆的断口划破绝缘手套,从而导致发生电击事故。

(4)避免绝缘工具接触油类或溶剂类液体。

(5)应定期进行耐压试验。

3. 电动汽车维修作业安全

对新能源汽车高压系统进行检修时,仅允许具备足够资质和知识的人员对车辆高压电气系统进行操作。根据 DIN VDE 0105 制定的高压装置安全操作规程,新能源汽车维修作业安全操作,一般遵循以下三点安全规程:

(1)断电,即断开来自高压系统的电压。

(2)严防设备重新合闸,防止再次接通。

(3)验电,即确保高压系统断电。

因此,对新能源汽车进行维修作业前,先要对车辆进行下电操作。不同车型的下电步骤有所不同,下电前一定要详细阅读维修手册。实践技能部分将以 EV160 纯电动汽车为例,介绍纯电动汽车的下电步骤。

4. 检修车辆高压系统时的注意事项

(1)所有橙色的线均带高压,可能会危及生命。

(2)不得将喷水软管和高压清洗装置直接对准高电压部件。

(3)高电压插头上不可使用机油、润滑脂和触点清洗剂等。

(4)在高电压导电部件附近进行检修工作时,必须先使系统下电。

(5)在进行焊接、用切削工具加工以及用尖锐工具进行操作时,必须先使系统下电。

(6)所有松开了的高电压插头必须严防水和污物进入。

(7)损坏的导线必须予以更换。

(8)佩戴有电子/医学生命和健康维持装置的人(比如带心脏起搏器)不得检修高压系统。

(9)必须使用合适且经过认可的测量仪器。

(10)检修进水的高电压系统时要非常小心(潮湿的部件,尤其是带有融雪盐的部件是非常危险的)。

为了保证检修高电压系统的安全而需要的辅助用具主要有:耐酸、耐压的安全手套;绝缘的劳保鞋;合适的高电压防护工具;护目镜;绝缘盖布。

五、比亚迪 E5 下电操作

1. 安全提示

(1)所有橙色的线均带高压,可能会危及生命。

(2)不准用水冲洗擦拭电气设备。

(3)雷雨天气下,禁止在室外对车辆充电和进行维护。

(4)发现有人触电,应立即切断电源进行抢救,在未脱离电源前不准直接接触触电者。

2. 比亚迪 E5 纯电动汽车下电操作

电动汽车作业包括带电作业和非带电作业,其中带电作业需要佩戴个人高压防护用具进行。进行带电作业(如绝缘检测、拆卸高压线束或更换高压部件等)之前,应先按照操作规范进行下电操作。

第一步:检查场地及安装警戒标志。

(1)检查场地,确认符合作业环境。

(2)拉警戒线遮拦,如图 3-1-28 所示。

(3)摆放警戒标志。

(4)检查自身,确认没有佩戴金属饰品、钥匙、硬币等。

图 3-1-28 拉警戒线遮拦作业区

(5)将佩戴的金属饰品、钥匙、硬币等放入储物箱。

(6)锁好储物箱。

(7)找到一名监护人。

第二步:穿戴绝缘防护用具(图3-1-30)。

(1)穿上绝缘鞋。

(2)戴上防护眼镜。

(3)戴上绝缘头盔。

(4)检查绝缘手套绝缘等级,应在1000V/300A以上。

(5)握住绝缘手套手腕处,旋转密封。

(6)挤压手套,检查有无漏气,如图3-1-29所示。

(7)佩戴绝缘手套,如图3-1-29所示。

图 3-1-29　穿戴绝缘防护用具

第三步:切断低压电源。

(1)安装三件套(翼子板罩、座椅套、脚垫)。

(2)拔下钥匙,如图3-1-30a)所示。

(3)将钥匙放到储物柜里。

(4)将储物柜锁好。

(5)打开发动机舱盖。

(6)安装翼子板布、格栅布。

(7)断开低压蓄电池负极端子,如图3-1-30b)所示。

(8)等待2~5min。

a)断电　　　　　　　　　b)断开低压蓄电池负极

图3-1-30　拔下钥匙及断开低压蓄电池负极端子

第四步:打开中央储物盒。

打开中央储物盒,如图3-1-31所示。

图3-1-31　打开中央储物盒

第五步:拆卸维修开关。

(1)拆除维修开关盖板,如图3-1-32a)所示。

(2)解除维修开关锁。

(3)拔下维修开关,如图3-1-32b)所示。

(4)盖上维修开关盖板。

(5)将维修开关放到储物柜里。

(6)将储物柜锁好。

a)拆除维修开关盖板　　　　　　b)拔下维修开关

图 3-1-32　拆除维修开关

第六步:拔下动力电池端高低压线束插接器。

(1)举升车辆。

(2)拔下低压线束插接器,如图 3-1-33a)所示。

(3)解除高压线束插接器锁止状态。

(4)按住锁止位置。

(5)向后拨,解除第一道锁,注意要拔到位。

(6)拔下高压线束插接器,如图 3-1-33b)所示。

a)拔下低压线束插接器　　　　　　b)拔下高压线束插接器

图 3-1-33　拔下高低压线束插接器

第七步:放电及检查剩余电荷。

(1)将电压表调到直流电压挡。

(2)测量动力电池端正、负极插接器电压,如图 3-1-34 所示。

图 3-1-34　测量动力电池端正、负极插接器电压

(3) 确认电压数值。

(4) 将电压表调到直流电压挡。

(5) 测量高压线束端的高压正、负极插接器电压，如图 3-1-35 所示。

(6) 若电压为零，则确认放电完成；若电压不为零，用放电工装连接在高压线束端的高压正、负极插接器之间进行放电，如图 3-1-36 所示。重复此放电过程，直到电压为零为止。

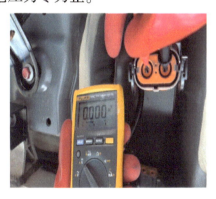 

图 3-1-35　测量高压线束端的高压　　图 3-1-36　放电及检查剩余电荷
　　　　　　正、负极插接器电压

(7) 用绝缘胶布封住插接器两端插口。

(8) 降下车辆。

(9) 确认已正常下电。

下电后可以进行相应的不带电操作。

活动展示

教师审核视频，学生以小组为单位在自媒体上展示，获取点赞量。

活动评价

本活动的活动评价表见表3-1-2。

活动评价表　　　　　　　表3-1-2

评分项 （占比）	是否达到目标 （30%）	活动表现 （40%）	职业素养 （30%）
评价标准(占比)	1.完全达到； 2.基本达到； 3.未能达到	1.积极参与； 2.主动性一般； 3.未积极参与	1.大幅提高； 2.略有提高； 3.没有提高
自我评价(20%)			
组内评价(20%)			
组间评价(30%)			
教师评价(30%)			
总分(100%)			
自我总结			

活动三：高压危害我知道，电气伤害我会救

活动场景

小王是某纯电动汽车4S店刚入职的维修工，师傅让他抓紧时间学习汽车电工的基本技能，以便快速了解新能源汽车并能完成简单的维护作业。小王在学习过程中发现高压电的危害巨大，可自己对触电的急救方法自己不是很了解，你能给小王做急救示范吗？

活动目标

（1）能用普通话讲解相关内容。

（2）利用制作表格和PPT的方式将电气原件的工作新能源汽车的高压系统和高低压标准表述清楚，并分组演示心脏复苏的操作流程。

（3）视频要求：
①介绍时能使用普通话，大方、得体；
②思路清晰，能讲解清楚高压系统组成电压等级标准；
③视频完整、清晰。

活动计划

1. 小组分工

1 名介绍人员：_____　　　1 名摄像人员：_____
1 名拍照人员：_____　　　2 名材料收集汇总人员：_____
1 名导演：_____　　　　　1 名后期制作人员：_____
每人完成后可进行角色互换。

2. 设备准备

_____
_____

3. 剧本准备

_____
_____
_____

活动资源

一、新能源汽车高电压系统及高低压标准

具有高电压系统是新能源汽车与传统汽车的最大区别之一，新能源汽车高电压系统如图 3-1-37 所示。新能源汽车电压等级可高达 200～600V，特斯拉动力电池额定电压达到 366V，丰田普锐斯混合动力汽车的动力电池额定电压为 201.6V，比亚迪插电式混合动力汽车的动力电池高达 500V。面对如此高的电压，若带电作业防护不当，将会引起触电事故。

对此，在《电动汽车　安全要求　第 3 部分：人员触电防护》（GB/T 18384.3—2015）中，根据最大工作电压 U，将电气元件或电路分为以下等级，见表 3-1-3。其中，A 级为低压，不要求提供触电防护；B 级为高压，对于任何 B 级电压电路的带电部件，都应提供危险接触的防护。

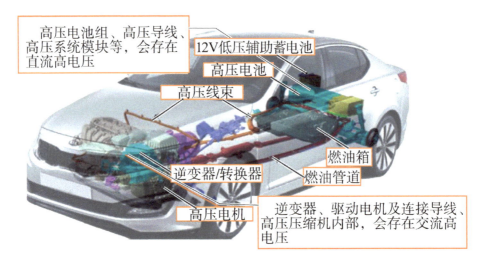

图 3-1-37　新能源汽车高电压系统

注：高电压汽车具有直流高电压和交流高电压。

电路的电压等级　　　　　　　　　　表 3-1-3

电压等级	最大工作电压 $U(\mathrm{V})$	
	直流	交流
A	$0 < U \leqslant 60$	$0 < U \leqslant 30$
B	$60 < U \leqslant 1500$	$30 < U \leqslant 1000$

在车辆系统中，高压系统线束和插头均为橙色。图 3-1-38 所示为比亚迪 E5 纯电动汽车的整车高压系统，包括动力电池组、高压控制盒、DC/DC 转换器、车载充电机及接口、直流快充接口、驱动电机、电机控制器、检修开关等高压部件及其连接高压部件的高压线束，还有电动空调压缩机、PTC 加热器等高压附件及其线束。上述所有电器部件或线束，工作电压均高于直流 60V 和交流 30V，在带电作业时必须采取防护措施。

二、高压的危害

如果新能源汽车的用户和维修者对高压系统缺乏了解，在对车辆进行清理和维护时便很可能因操作不当引发触电，对人员造成伤害甚至导致死亡。所谓触电，是指人体触及带电体时，电流对人体所造成的伤害。高电压之所以危险，是因为人体的肌肉、皮肤以及血管中的血液都可以导电，当高压电通过人体时会形成电流。触电电流对人体的伤害是多方面的。根据伤害的性质不同，触电可分为电伤和电击两种。

图 3-1-38　纯电动汽车整车高压系统

电伤是指由于电流的热效应、化学效应感机械效应对人体的外表造成的局部伤害,如电灼伤、电烙印和皮肤金属化等;电击是指电流流过人体内部造成人体内部器官的伤害,电击致人死亡的原因有三方面:

(1)流过心脏的电流过大、持续时间过长引起"心室纤维性颤动"而致死,如图 3-1-39 所示。

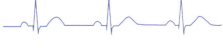

图 3-1-39　心室纤维性颤动

(2)电流作用使人窒息而死亡。

(3)电流作用使心脏停止跳动而死亡。

发生触电事故后,务必请医生治疗,以便检查所有身体功能是否正常,因为可能在触电数日才出现后续伤害。

通过人体的电流所引发的后果取决于接触位置电压的强度、流动的电流强度、电流的持续时间、电流的路径(最糟的情况是通过心脏)和电流的频率。通过人体的电流可分为感知电流、摆脱电流和致命电流三类。根据 VDE 0100 第 410 部分,对身体有害电流 4 个强度级别表明与电击持续时间有关的危险性大小,如图 3-1-40 中①~④强度范围所示。

(1)感知电流。感知电流是指电流流过人体时可引起感觉的最小电流。感知电流的最小值称为感知阈值。成年男性平均感知电流约为 1.1mA(有效值);成年女性约为 0.7mA。如图 3-1-40 所示,在强度范围①内,电流为 0.1~0.5mA,对人无影响;在强度范围②内,电流为 0.5~2mA 时,人体能感觉到电流;电流为

3～5mA 时,开始有痛感。

(2)摆脱电流。摆脱电流是指人在触电后能够自行摆脱带电体的最大电流。成年男性平均摆脱电流约为16mA;成年女性平均摆脱电流约为10.5mA;儿童的摆脱电流较成人要小。如图3-1-40所示,在强度范围②内,电流为10～20mA时,人体开始麻木,达到松手极限值,即"摆脱阈值",它会触发身体挛缩。这时人无法摆脱电源,电流的作用时长会因此显著延长。

(3)致命电流。致命电流是在短时间内危及生命的最小电流,其最小电流即致命阈值。致命电流与电流持续时间关系密切,如图3-1-40所示的强度范围③和强度范围④。当电流持续时间超过心脏周期(约0.8s)时,致命电流仅为50mA左右。当电流持续时间短于心脏周期时,致命电流为数百毫安。当电流持续时间小于0.1s时,只有电击发生在心脏易损期,500mA以上乃至数安的电流才能够引起心室颤动。需注意的是,交流电压会引发人体内的交流电流,而该电流会触发肌肉和心脏颤动。交流电压的频率越低,其危险性越大。交流电会非常早地引发心室纤维颤动,如不能及时急救伤者,伤者就会有生命危险。

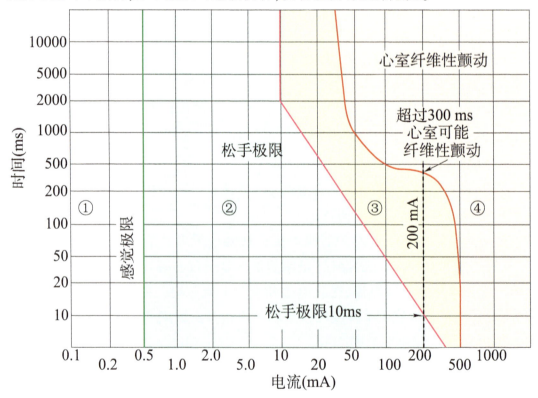

图3-1-40 摆脱阈值

由图3-1-40可知,人体通过0.27A的电流,持续时间大约超过0.2s,就可能会引发心室纤维性颤动,就会有生命危险。

三、急救

1. 电气伤害救助

在发生意外事故、公共危险或紧急危难时,在具有急救资格且能保证自己生命安全的情况下,应立即采取救助措施。电气伤害救助流程如图3-1-41所示。急救时,首先将事故电路断开,然后拨打急救电话,在医生到来之前检查触电人员体征并进行救助。

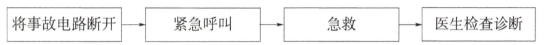

图3-1-41 电气伤害救助流程

对于触电人员的救助,要注意以下几点:

(1)保持冷静,切勿直接触碰接触电压的人员。

(2)如果可能,立即切断电力设备的电源(在高电压车辆上关闭点火开关或者立即拔下维护插头)。

(3)使用不导电的工具(木板、扫把柄等)将伤者或者电流导体与电源分开。

2. 电气火灾救助

电气火灾救助要注意以下几点:

(1)做好自我防护,切勿吸入烟气。

(2)向消防部门报警。

(3)当消防人员到场后须告知火灾涉及的高压汽车。

(4)需要的情况下,去除附近的火源,或者使用覆盖法确保安全。

(5)在扑灭电力设备上的火灾时,需使用二氧化碳灭火器或者干粉灭火器。此外,也可使用灭火毯。

(6)不可使用二氧化碳灭火器扑灭人体上的火焰(存在窒息危险)。

当新能源汽车起火时,可使用干粉灭火器灭火。如果只是动力电池着火,则推荐使用二氧化碳灭火器。当发生大面积失火时,持续大量的浇水也同样可以熄灭动力电池火灾(使用少量的水,如只用一桶水,是危险的,实际上会将加剧动力电池火灾严重程度)。

3. 心肺复苏(CPR)操作流程

心脏跳动停止者,如在4min内实施初步的救助,在8min内由专业人员进一

步心脏救生,则其死而复生的可能性较大。因此,时间就是生命,速度是关键。CPR 2015 年国际最新标准操作流程如下:

(1)意识的判断。用双手轻拍病人双肩,问:"喂！你怎么了?"告知无反应。

(2)检查呼吸。观察病人胸部起伏 5~10s(数 1001、1002、1003、1004、1005……),告知无呼吸。

(3)呼救:"来人啊！喊医生！推抢救车！除颤仪！"

(4)判断是否有颈动脉搏动。用右手的中指和食指从气管正中环状软骨划向近侧颈动脉搏动处,告之无搏动(数 1001,1002,1003,1004,1005……判断 5~10s)。

(5)松解衣领及裤带。

(6)胸外心脏按压。两乳头连线中点(胸骨中下 1/3 处),用左手掌跟紧贴病人的胸部,两手重叠,左手五指温起,双臂伸直,用上身力量用力按压 30 次(按压频率至少 100 次/min,按压深度至少 5cm)。

(7)打开气道。使用仰头抬倾法,检查口腔无分泌物,无假牙。

(8)人工呼吸。应用简易呼吸器,一手以"CE"手法同定,一手挤压简易呼吸器,每次送气 400~600mL,频率 10~12 次/min。

(9)持续 2min 高效率的 CPR。以心脏按压:人工呼吸 = 30:2 的比例进行,操作 5 个周期(心脏按压开始送气结束)。

(10)判断复苏是否有效(听是否有呼吸音,同时触摸是否有颈动脉搏动)。

(11)对病人,做进一步生命支持。

活动展示

教师审核视频,学生以小组为单位在自媒体上展示,获取点赞量。

活动评价

本活动的活动评价表见表 3-1-4。

活动评价表　　　　表 3-1-4

评分项 (占比)	是否达到目标 (30%)	活动表现 (40%)	职业素养 (30%)
评价标准(占比)	1. 完全达到; 2. 基本达到; 3. 未能达到	1. 积极参与; 2. 主动性一般; 3. 未积极参与	1. 大幅提高; 2. 略有提高; 3. 没有提高

续上表

评分项 （占比）	是否达到目标 （30%）	活动表现 （40%）	职业素养 （30%）
自我评价(20%)			
组内评价(20%)			
组间评价(30%)			
教师评价(30%)			
总分(100%)			
自我总结			

任务二　认识纯电动汽车

任务目标

(1)能通过与客户交流、查阅相关维修技术资料等方式获取车辆信息。
(2)能了解国内外新能源车企及上市车型基本情况。
(3)能叙述纯电动汽车的定义和分类。
(4)能认知纯电动汽车组成结构。
(5)能识别纯电动汽车高压系统部件及线束。
(6)能找出纯电动汽车与传统汽车的区别。
(7)能遵守相关法律法规，安全规范地进行纯电动汽车驾乘体验。
(8)能正确对纯电动汽车触电、火灾等事故进行救助处理。

任务内容

活动：纯电动汽车组成结构认知

活动:纯电动汽车组成结构认知

活动场景

小王是某纯电动汽车 4S 店的服务顾问,客户张先生对一款纯电动汽车特别感兴趣,想让小王介绍一下该纯电动汽车的组成结构。假如你是小王,你能向张先生介绍该纯电动汽车的组成结构吗?

活动目标

(1)能用普通话讲解相关内容;
(2)利用实训车型比亚迪 e5 纯电动车,实地演示如何介绍车辆的结构;
(3)视频要求:
①介绍时能使用普通话,大方、得体;
②思路清晰;
③视频完整、清晰。

活动计划

1. 小组分工

1 名介绍人员:_____   1 名摄像人员:_____
1 名拍照人员:_____   2 名材料收集汇总人员:_____
1 名导演:_____   1 名后期制作人员:_____

每人完成后可进行角色互换。

2. 设备准备

_____
_____

3. 剧本准备

_____
_____

活动资源

一、纯电动汽车的定义与分类

纯电动汽车,是指以车载电源为动力,用电动机驱动车轮行驶,符合道路交通、安全法规各项要求的车辆。它利用动力电池(如铅酸电池、镍镉电池、银氢电池或锂离子电池)作为储能动力源,通过动力电池向电动机提供电能,驱动电机运转,从而推动汽车前进。纯电动汽车动力原理如图 3-2-1 所示。

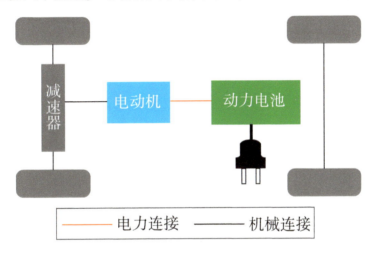

图 3-2-1　纯电动汽车动力原理

纯电动汽车发展至今,种类较多,通常按照车辆用途、车载电源数目以及驱动系统布置形式不同进行分类。

1. 按照车辆用途不同分类

按照车辆用途不同,纯电动汽车可分为纯电动轿车、纯电动货车和纯电动客车三种,如图 3-2-2 所示。

图 3-2-2　纯电动汽车按照用途不同分类

纯电动轿车是目前最常见的纯电动汽车。除了一些概念车外,纯电动轿车已经有了小批量生产,并已进入汽车市场。用作公路运输的纯电动货车比较少,而在矿山、工地及一些特殊场地,则早已出现了一些大吨位的纯电动货车。纯电动客车用作公共汽车,在一些城市的公交线路以及世博会、世界性的运动会上,已经有了良好的表现。

2. 按照车载电源数目不同分类

按照车载电源数目不同,纯电动汽车可分为单电源电动汽车和蓄电池加辅助蓄能装置的多电源电动汽车两种。

(1)单电源电动汽车的主电源就是蓄电池,有铅酸电池、镍氢电池、锂离子电池等多种。这种纯电动汽车的结构较为简单,控制也比较简便,主要缺点是主电源的瞬时输出功率容易受蓄电池性能的影响,制动能量的回馈效率也会受制于蓄电池的最大可接受电流及蓄电池的荷电状态。

(2)多电源电动汽车采用蓄电池加超级电容或蓄电池加飞轮电池的电源组合,可以降低对蓄电池容量、比能量、比功率等的要求。在汽车起步、加速、爬坡等行驶工况下,辅助蓄能装置(超级电容、飞轮电池)可短时间内输出大功率,协助蓄电池供电,使电动汽车的动力性能大幅提升;在汽车制动时,则利用辅助蓄能装置可接受大电流充电的特点,提高制动能量回馈的效率。

3. 按照驱动系统布置形式不同分类

按照驱动系统布置形式不同,目前纯电动汽车主要有4种典型结构,即传统驱动系统布置形式、电机-驱动桥组合式驱动系统布置形式、电机-驱动桥整体式驱动系统布置形式、轮毂电机分散式驱动系统布置形式。

(1)传统驱动系统布置形式。该驱动系统仍然采用内燃机汽车的驱动系统布置方式,包括离合器、变速器、传动轴和驱动桥等总成,只是将内燃机换成电机,属于改造型电动汽车,这种布置方式可以提高电动汽车的起动转矩,增加低速时纯电动汽车的后备功率。这种驱动系统布置形式有电机前置-驱动桥前置(F-F)、电机前置-驱动桥后置(F-R)等,但结构复杂、效率低,不能充分发挥驱动电机的性能。在此基础上,还有一种简化的传统驱动系统布置形式,即采用固定速比减速器,去掉离合器,这种驱动系统布置形式可减轻机械传动装置的质量,缩小其体积。

(2)电机-驱动桥组合式驱动系统布置形式。这种驱动系统布置形式即在驱动电机端盖的输出轴处加装减速齿轮和差速器等,电机、固定速比减速器,差速器的轴互相平行,一起组合成一个驱动整体。它通过固定速比的减速器来放大驱动电机的输出转矩,但由于没有可选的变速挡位,也就省掉了离合器。这种布置形式的机械传动机构紧凑,传动效率较高,便于安装,但对驱动电机的调速要求较高。按传统汽车的驱动模式来说,可以有驱动电机前置-驱动桥前置或驱动电机后置-驱动桥后置两种方式。这种驱动系统布置形式具有良好的通用性和互换性,便于在现有的汽车底盘上安装,使用、维修也较方便。

(3)电机-驱动桥整体式驱动系统布置形式。这种驱动系统布置形式与发动机横向前置-前轮驱动的内燃机汽车的布置方式类似,把电动机、固定速比减速器和差速器集成为个整体,两根半轴连接驱动车轮。电机-驱动桥整体式驱动系统布置形式有同轴式和双联式两种。

(4)轮毂电机分散驱动式驱动系统布置形式。这种形式中,轮毂电机直接装在汽车车轮里,主要有内定子外转子和内转子外定子两种结构。

4. 按照驱动形式不同分类

按照驱动形式不同,纯电动汽车可分为直流电机驱动、交流电机驱动、双电机驱动、双绕组电机驱动、轮毂电机驱动纯电动汽车等。

5. 按动力电池类型不同分类

按动力电池类型不同,纯电动汽车可分为铅酸蓄电池、镍氢电池、锂离子电池、燃料电池纯电动汽车等。

二、纯电动汽车的优点

1. 无污染、噪声小

电动汽车无内燃机汽车工作时产生的废气,不产生排气污染,对环境保护和空气的洁净十分有益,几乎是"零污染"。电动汽车无内燃机产生的噪声,电机的噪声也较内燃机小。

2. 结构简单,维修方便

电动汽车较内燃机汽车结构简单,运转、传动部件少,维护工作量小。当采用交流感应电动机时,电机无须维护,且易操纵。

3. 能量转换效率高

纯电动汽车在行驶中,可以回收制动、下坡时的能量,提高能量的利用效率。针对电动汽车的研究表明,其能源效率已超过汽油机汽车。特别是在城市运行环境下,汽车走走停停,行驶速度不高,电动汽车更加适宜。电动汽车停止时不消耗电量,在制动过程中,电机可自动转化为发电机,实现制动减速时能量的再利用。

另外,电动汽车的应用可有效地减少对石油资源的依赖,可将有限的石油用于更重要的方面。向蓄电池充电的电力可以由煤炭、天然气、水力、核能、太阳能、风力、潮汐等能源转化。除此之外,如果夜间向蓄电池充电,还可以避开用电高峰,有利于均衡电网负荷,减少费用。

三、纯电动汽车组成结构

传统燃油汽车由发动机、底盘、车身和电气系统四大部分组成,纯电动汽车的结构与燃油汽车相比,主要增加了电力驱动控制系统,而取消了发动机。因此,纯电动汽车主要由电力驱动控制系统、汽车底盘、车身以及各种辅助装置等部分组成。除了电力驱动控制系统,其他部分的功能及其结构组成基本与传统汽车相同,只不过有些部件根据所选的驱动方式不同,已被简化或省去了,所以电力驱动控制系统既决定了整个纯电动汽车的结构组成及其性能特征,也是纯电动汽车的核心,它相当于传统汽车中的发动机与其他功能以机电一体化方式相结合,这也是纯电动汽车与传统内燃机汽车的最大不同点。

纯电动汽车典型组成框图如图 3-2-3 所示,其中电力驱动控制系统包括电力驱动系统、电源系统和辅助系统。

图中双线表示机械连接,粗线表示电气连接,细线表示控制信号连接,线上的箭头表示电功率或控制信号的传输方向。来自加速踏板的信号输入电子控制器,通过控制功率变换器来调节电机输出的转速或转矩,电机输出的转矩通过汽车传动系统驱动车轮转动。充电器通过充电接口向蓄电池充电。在汽车行进时,蓄电池经功率变换器向电机供电。当电动汽车采用电制动时,驱动电机运行在发电状态,将汽车的部分功能回馈给蓄电池以对其充电,并延长电动汽车的续驶里程。

1. 电力驱动系统

电力驱动系统主要包括电子控制器、功率转换器、电机、机械传动装置和车轮等。电力驱动系统的功用是将存储在蓄电池中的电能高效地转化为车轮的动能,进而推动汽车行驶,并能够在汽车减速或者下坡时,实现再生制动。

电子控制器的作用是接收加速踏板位置信号、制动踏板位置信号、挡位信号及其他相关信号,综合判断驾驶人意图和整车工况,发出控制指令给功率变换器,通过功率变换器,控制电机的电压成电流,完成电机的驱动转矩和旋转方向的控制。

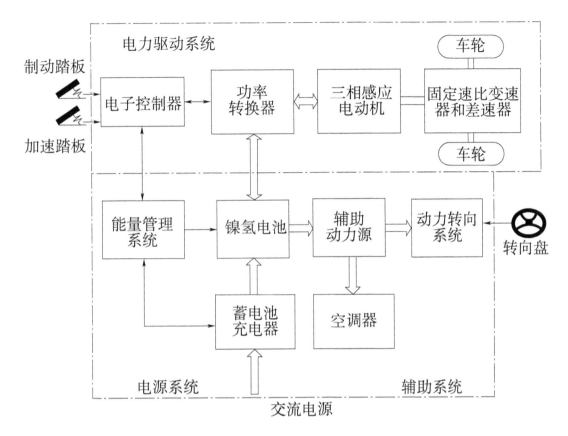

图 3-2-3 纯电动汽车典型组成框图

功率变换器将蓄电池的直流电转换为频率和电压都可以调控的交流电,进而驱动电机工作。当汽车制动或者下坡时,功率变换器将车轮驱动电机产生的电能存储在蓄电池中。

电机的作用是将电源的电能转化为机械能,通过传动装置驱动或者直接驱动车轮。电动汽上广泛采用直流串励电机,这种电动机具有"软"的机械特性,与汽车的行驶特性非常适应。但由于直流电机具有存在换向火花、比功率较小、效率较低、维护工作量大等缺点,随着电机技术和电机控制技术的发展,正在逐渐被直流无刷电机、永磁同步电机、开关磁阻电机和交流异步电机所取代。

机械传动装置的作用是将电机的驱动转矩传给汽车的驱动轴。因为电机可以负载起动,所以纯电动汽车上无须传统内燃机汽车的离合器。此外,驱动电机的转向可以通过电路控制实现变换,因此,纯电动汽车也无须内燃机汽车变速器中的倒挡。当采用电机无级调速控制时,纯电动汽车可以省去传统汽车的变速器。在采用轮毂电机驱动时,纯电动汽车也可以省去传统内燃机汽车传动系统的差速器。

2. 电源系统

纯电动汽车的电源系统主要包括电源、能量管理系统和充电机等，它的功用是向电机提供驱动电能电源使用情况以及控制充电机向蓄电池充电。

电源是制约电动汽车发展的主要因素。作为电动汽车的电源，应该具有高比能量和高比功率等性能，以满足汽车的动力性和续驶里程的要求。纯电动汽车常用的电源有铅酸蓄电池、镍镉电池、镍氢电池、锂离子动力电池等。能量管理系统主要负责监测电源的使用情况以及控制充电机向蓄电池充电。

3. 辅助系统

纯电动汽车的辅助系统主要包括辅助动力源（低压蓄电池、DC/DC 转换器）、电动空调系统、电动助力转向系统、电动真空制动系统等。

四、纯电动汽车控制系统结构

纯电动汽车控制系统结构如图 3-2-4 所示。

五、纯电动汽车主要部件介绍

比亚迪 e5 纯电动汽车主要部件位置如图 3-2-5 所示，该车的电力驱动控制系统，都集中在前发动机舱内。

1. 电源系统

电源系统包括动力电池、电池管理系统（Battery Management System，BMS）、充电系统等。

（1）动力电池。比亚迪 e5 动力电池位置如图 3-2-6 所示，动力电池分布于汽车底盘中。动力电池提供的电能，通过驱动电机转化为机械能，经由传动机构传递到驱动轮，驱动汽车行驶。动力电池系统是纯电动汽车的动力能源，它为整车驱动和其他用电器提供电能。比亚迪 e5 的动力电池系统由动力电池模组、电池信息采集器、串联线、托盘、密封罩、电池采样线组成，额定总电压为 653.4V，总电量为 42.47kW·h。

（2）电池管理系统。比亚迪 e5 采用分布式电池管理系统，由电池管理控制器（Battery Management Controller，BMC）、电池信息采集器、电池采样线组成。电池管理控制器的主要功能有充放电管理、接触器控制、功率控制、电池异常状态报警和保护、SOC/SOH（电池剩余电量百分比电池健康度）计算、自检以及通信等；电池信息采集器的主要功能有电池电压采样、温度采样、电池均衡、采样线异

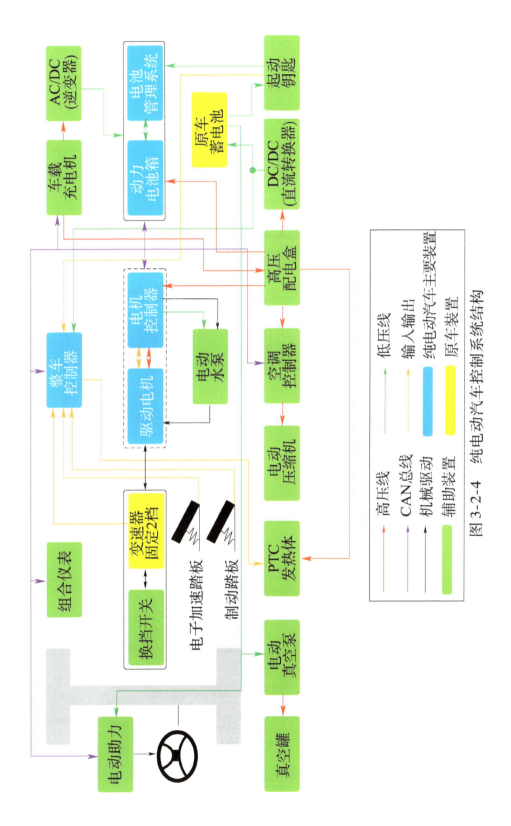

图 3-2-4 纯电动汽车控制系统结构

常检测等;动力电池采样线的主要功能是连接电池管理控制器和电池信息采集器,实现二者之间的通信及信息交换。比亚迪 e5 电池控制管理器如图 3-2-7 所示。

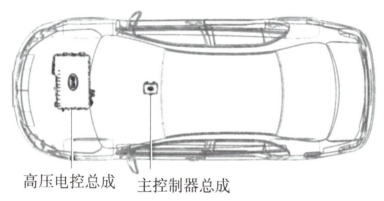

图 3-2-5　比亚迪 e5 主控制系统结构

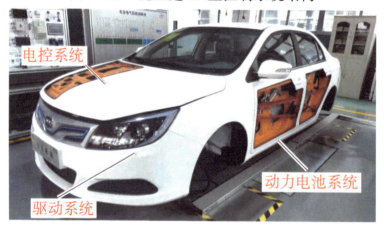

图 3-2-6　比亚迪 e5 动力电池位置

图 3-2-7　电池管理控制器

(3)充电系统。比亚迪 e5 电动车有两种充电方式:直流充电和交流充电。交流充电主要是通过交流充电桩、壁挂式充电盒以及家用供电插座接入交流充电口,通过高压电控总成将交流电转为 650V 直流高压电给动力电池充电。直流充电主要是通过充电站的充电柜将直流高压电直接通过直流充电口给动力电池充电。充电系统的主要组成部分包括交流充电口、直流充电口、高压电控总成、动力电池包、电池管理器。比亚迪e5充电接口如图3-2-8所示。

2019款比亚迪e5动力总成采用的是三合一结构,电机控制器,驱动电机,主减速器在一起,电机控制高压线束采用内部连接,外部直接提供高压直流电,大大节省线束成本,代表了电动化汽车动力总成的主流发展方向。其前驱动力总成主要包括电机及控制系统传动系统。

2. 电机及控制系统

电机及控制系统实物图如图3-2-9所示。驱动电机系统作为纯电动汽车的主要部件之一,是车辆主要执行机构,其性能决定了车辆主要性能指标,直接影响车辆的动力性、经济性。

图3-2-8　比亚迪e5充电系统接口
（左侧为快充接口,右侧为慢充接口）

图3-2-9　驱动电机及控制系统实物图

电机及控制系统通过高低压线束、冷却管路与整车其他系统作电气和散热连接。驱动电机控制器接收整车控制器指令,采集转矩请求信号、旋变信号等控制电机正向、反向驱动,正、反转发电功能;具有高压输出电压和电流控制限制功能,具有电压跌落、过流、过温、IPM过温、IGBT过温保护、功率限制、转矩控制限制等功能,同时具备能量回馈控制、主动泄放、被动泄放控制功能。电机及控制器采用水冷方式,有电动水泵实现冷却液的强制循环,对电机及控制器进行散热。

3. 传动系统

比亚迪e5纯电动汽车传动系统,主要是指其搭载的前置前驱减速器BYDNT31-4-2146010（图3-2-10）。

4. 整车控制系统

整车控制系统包括车身控制器、加速踏板位置传感器、制动踏板位置传感器、挡位信号、起动钥匙信号等。

比亚迪 e5 纯电动汽车的整车控制器如图 3-2-11 所示。在整车控制系统中，整车控制器配合其他子系统控制器，根据驾驶人意图及车辆工况，来完成车辆运行过程中能量流动的控制，即车辆加速、减速等。此外，整车控制器还需要对整车所有用电器进行控制，以保证车辆的正常运行。

图 3-2-10　减速器

图 3-2-11　整车控制器

5. 高压配电系统

比亚迪 e5 纯电动车高压系统部件及线束如图 3-2-12 所示。整车高压系统包括动力电池、车载充电机、慢充接口及线束、快充接口及线束、电机控制器、驱动电机、DC/DC 转换器、高压控制盒、高压辅件及连接各高压部件的线束。其中，高压控制盒的主要作用是完成动力电池电源的输出及分配，实现对支路用电器的保护及切断。

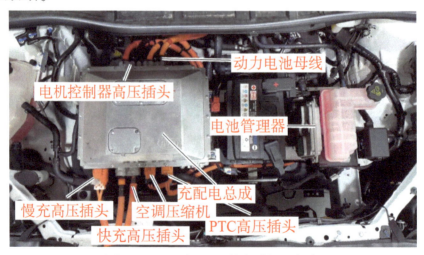

图 3-2-12　高压系统部件及线束

6. 辅助系统

辅助系统包括 DC/DC 转换器、低压蓄电池、电动助力转向系统（Electric Power Steering,EPS)、电动真空制动系统、空调与暖风系统和仪表显示系统等。

（1）DC/DC 转换器及低压蓄电池。DC/DC 转换器如图 3-2-13 所示,其主要作用是将动力电池的高压直流电转换为 12V 直流电,为整车低压用电系统供电及铅酸电池充电。

（2）电动助力转向系统。电动助力转向系统由转矩传感器、电子控制单元及助力电机组成,如图 3-2-14 所示。

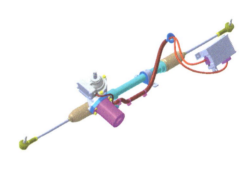

图 3-2-13　DC/DC 转换器　　　　图 3-2-14　电动助力转向系统

在电动助力转向系统中,电子控制单元根据各传感器采集的信号计算所需的转向助力,控制助力电机的转动,电机输出的动力经过减速增扭后驱动齿轮齿条结构产生相应的转向助力。目前,电动助力转向系统按照助力作用位置的不同,可以分为管柱助力式、齿轮助力式和齿条助力式。电动助力转向系统中,12V 直流电驱动助力电机进行转向助力,根据车速来控制驱动电流大小,从而调节助力的大小,实现车速高时助力小、车速低时助力大的要求。

（3）电动真空制动系统。电动真空制动系统的真空源来自 12V 直流电驱动的真空泵,如图 3-2-15 所示。在停车时真空助力也可起作用。制动系统的作用主要有三个：使行驶中的汽车按照驾驶人的要求进行强制减速甚至停车；使已停止的汽车在各种道路条件下稳定驻车；使下坡的汽车速度保持稳定。

图 3-2-15　电动真空制动系统

(4)空调与暖风系统。比亚迪 e5 纯电动汽车的空调与暖风系统如图 3-2-16 所示。比亚迪 e5 纯电动汽车的空调系统采用的电动压缩机,暖风系统采用 PTC 发热体。

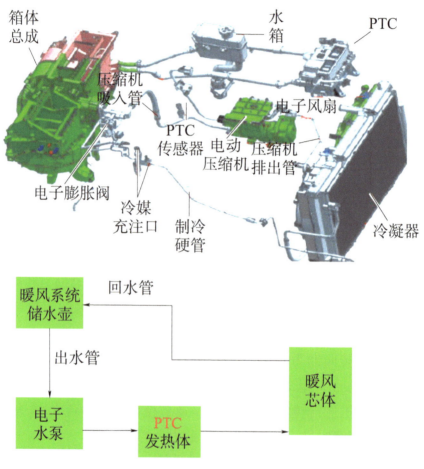

图 3-2-16　空调与暖风系统

(5)组合仪表。比亚迪 e5 纯电动汽车的组合仪表如图 3-2-17 所示。组合仪表可显示车速、电量等信息。

图 3-2-17　组合仪表

活动展示

教师审核视频,学生以小组为单位在自媒体上展示,获取点赞量。

活动评价

本活动的活动评价表见表3-2-1。

活动评价表　　　　　　　　　　表3-2-1

评分项 （占比）	是否达到目标 （30%）	活动表现 （40%）	职业素养 （30%）
评价标准（占比）	1. 完全达到; 2. 基本达到; 3. 未能达到	1. 积极参与; 2. 主动性一般; 3. 未积极参与	1. 大幅提高; 2. 略有提高; 3. 没有提高
自我评价（20%）			
组内评价（20%）			
组间评价（30%）			
教师评价（30%）			
总分（100%）			
自我总结			

任务三　认识混合动力电动汽车

任务目标

（1）能熟练介绍混合动力电动汽车的分类。

（2）能详细介绍混合动力电动汽车的结构组成。

任务内容

活动一:"混合动力"我来讲

活动二:你来问,我来答

活动一:"混合动力"我来讲

混合动力系统是综合了不同的动力单元,以最大限度地发挥各自的长处、弥补其他方面的短处的新一代动力系统。一个典型的油电混合动力系统,能将发动机高转速下的高效率与电动机(不需要外接电源)低转速下的大转矩以最有效的方式结合起来,在保持低油耗的同时实现出色的行驶性能。

活动场景

你作为新能源专业的学生代表,请录制一个小视频给其他同学介绍混合动力电动汽车的分类。

活动目标

(1)能用普通话讲解相关内容。

(2)可以结合多媒体等方式讲解,最终制作合成为2min左右的视频。

(3)视频要求:

①介绍时能使用普通话,大方、得体;

②思路清晰,能讲解出混合动力电动汽车的分类方法;

③视频完整、清晰。

活动计划

1. 小组分工

1名介绍人员:_____   1名摄像人员:_____

1名拍照人员:_____   2名材料收集汇总:_____

1名导演:_____   1名后期制作人员:_____

每人完成后可进行角色互换。

2. 设备准备

3. 剧本准备

活动资源

一、混合动力电动汽车的定义

我们通常所称的混合动力电动汽车,是指采用燃油发动机与电动机两种动力组合的汽车,简称"油电混合"汽车。它通常能够行驶在纯电动模式、纯油模式以及油电混合模式下,可以通俗地理解为双人自行车,两人既可以同时出力,也可以各自出力。混合动力电动汽车理解图如图 3-3-1 所示。

图 3-3-1　混合动力电动汽车理解图

混合动力电动汽车与普通汽车结构相类似,但更加复杂。一般混合动力电动汽车会在普通汽车的基础上加装一套电能驱动系统,包含电动机、动力电池等,如图 3-3-2 所示。

二、混合动力电动汽车的分类

混合动力汽车可按以下方式分类。

1. 按照动力系统结构形式不同划分

根据动力系统结构形式不同,可以将其分为串联式混合动力电动汽车

（Series Hybrid Electric Vehicle，SHEV）、并联式混合动力电动汽车（Parallel Hybrid Electric Vehicle，PHEV）和混联式混合动力电动汽车（Power-split Hybrid Electric Vehicle，PSHEV）

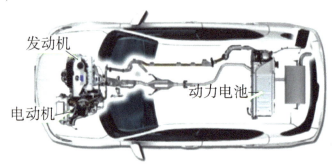

图 3-3-2　混合动力电动汽车部分构成

（1）串联式混合动力电动汽车。串联式混合动力电动汽车是指车辆行驶系统的驱动力只来源于电机的混合动力电动汽车。另外，动力电池也可以单独向电机提供电能驱动车辆行驶。代表车型有雪佛兰沃蓝达、宝马 I3 等，如图 3-3-3 所示。

（2）并联式混合动力电动汽车。并联式混合动力电动汽车是指车辆行驶系统的驱动力由电机及发动机同时或单独供给的混合动力电动汽车。其典型的结构特点是并联式驱动系统可以单独使用发动机或电机作为动力源，也可以同时使用电机和发动机作为动力源驱动车辆行驶。代表车型有比亚迪秦（图 3-3-4），别克君越 eAssisto 等。

图 3-3-3　宝马 I3　　　　　　图 3-3-4　比亚迪秦

（3）混联式混合动力电动汽车。混联式混合动力电动汽车是指具备串联式和并联式两种混合动力系统结构的混合动力电动汽车。其典型的结构特点是可以在串联混合模式下工作，也可以在并联混合模式下工作，同时兼顾了串联式和并联式混合动力电动汽车的特点。代表车型有丰田普锐斯、丰田凯美瑞尊瑞、雷克萨斯 NX（图 3-3-5）、比亚迪 FSDM 等。

2. 按照混合度不同划分

混合度是指混合动力电动汽车中的电机峰值功率占动力源总功率(电机峰值功率+发动机最大功率)的百分比。

按照混合度数值不同,可以将混合动力电动汽车分为微混合型混合动力电动汽车、轻度混合型混合动力电动汽车和重度混合型混合动力电动汽车。

(1)微混合型混合动力电动汽车。微混合型混合动力汽车是以发动机为主要动力源,电机作为辅助动力源,具备制动能量回收功能的混合动力电动汽车。微混合型混合动力电动汽车的混合度小于10%。

图3-3-5 雷克萨斯NX

仅具有停车急速停机功能的汽车也可称为微混合型混合动力电动汽车。

(2)轻度混合型混合动力电动汽车。轻度混合型混合动力电动汽车是以发动机为主要动力源,电机作为辅助动力源,在车辆加速和爬坡时,电机可向车辆行驶系统提供辅助驱动力矩,补充发动机本身动力输出的不足,但不能单独驱动车辆行驶的混合动力电动汽车。轻度混合型混合动力电动汽车的混合度值大于10%,可以达到30%左右,在城市循环工况下节油率可以达到20%~30%,目前技术比较成熟,应用广泛。本田汽车公司旗下的Insight、Accord和Civic混合动力电动汽车均采用并联式结构的轻度混合动力系统。

(3)重度混合型混合动力电动汽车。重度混合型混合动力电动汽车是以发动机和/或电机为动力源,且电机可以独立驱动车辆行驶的混合动力电动汽车。重度混合动力系统一般采用200V以上的高压电机,混合度大于30%,可以达到50%以上,在城市循环工况下节油率可以达到30%~50%。

重度混合型混合动力电动汽车的特点是动力系统以发动机为基础动力源,动力电池为辅助动力源。它采用的电机功率更为强大,完全可以满足车辆在起步和低速时的动力要求。因此,重度混合车型无论是在起步还是低速行驶状态下都不需要起动发动机,依靠电机可以完全胜任,在低速时就像一款纯电动汽车。在急加速和爬坡运行工况下车辆需要较大的驱动力时,电机和发动机同时对车辆提供动力。随着电机、电池技术的进步,重度混合动力系统逐渐成为混合动力技术的主要发展方向。丰田普锐斯混合动力电动汽车就是采用混联式结构的重型混合动力系统。第三代普锐斯Hybrid采用的电机峰值功率达到60kW,峰值转矩达到207N·m,足以推动汽车进行中低速行驶。

3. 按照外接充电能力不同划分

按照是否能够外接充电划分，混合动力电动汽车可分为普通混合动力电动汽车和插电式混合动力电动汽车。

（1）普通混合动力电动汽车也称非外接充电型混合动力电动汽车，是一种被设计成在正常使用情况下从车载燃料中获取全部能量的混合动力电动汽车。混合动力电动汽车在正常行驶过程中，主要依靠发动机驱动，而在电量充足的条件下，车辆起动或低速行驶时，完全依靠电动机驱动，但是续航里程极短。随着车速提高，发动机开始驱动车辆行驶。当遇到坡道或者急加速时，发动机和电动机共同驱动车辆行驶，如图3-3-6所示。

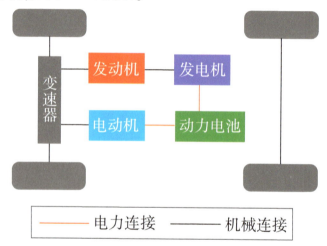

图3-3-6 普通混合动力电动汽车动力原理

普通混合动力电动汽车有以下优点：①节油。以凯美瑞为例，混合动力版100km油耗在5L左右，而普通版则需要多一倍。②冬季使用方便快捷。混合动力电动汽车的起动和低速行驶时主要依靠电动机，不需要"热车"环节等。其缺点有：①可选车型主要集中在日系品牌，且多为中型以上车型，在性价比更高的普通紧凑车上极少。②电驱系统的加入也使得售价进一步提高，且没有补贴。③增设的电驱系统会占据一定的使用空间。

（2）插电式混合动力电动汽车也称外接充电型混合动力电动汽车，是一种被设计成在正常使用情况下从非车载装置中获取电能量的混合动力电动汽车。如图3-3-7所示，插电式混合动力比起普通混合动力电动汽车多了插电口，能够外接充电。电动机功率要足够大，以确保汽车能够以比较高的速度行驶，一般认为需要大于50kW。电池容量也要比普通混合动力电动汽车大很多，足以在纯电模式下跑几十公里。

插电式混合动力电动汽车比普通混合动力电动汽车模式续驶里程长(一般在50km以上)。这得益于更大功率的电机辅助,动力性能更加强大。其缺点有:①售价高,且部分地区不对插电式混合动力电动汽车进行补贴。②可选车型不多。③充电设施建设缓慢及个人充电条件不易满足。④部分插电式混合动力电动汽车在节能减排方面并没有优势。

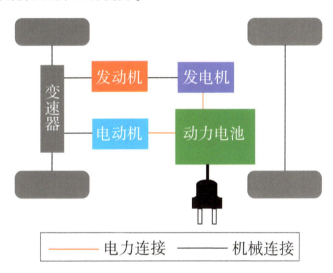

图 3-3-7　插电式混合动力电动汽车动力原理

4. 按照行驶模式的选择方式不同划分

按照行驶模式的选择方式不同,混合动力电动汽车可分为有手动选择功能的混合动力电动汽车和无手动选择功能的混合动力电动汽车。

(1)有手动选择功能的混合动力电动汽车。有手动选择功能的混合动力电动汽车是指具备行驶模式手动选择功能的混合动力电动汽车,车辆可选择的行驶模式包括发动机模式、纯电动模式和混合动力模式3种。

(2)无手动选择功能的混合动力电动汽车。无手动选择功能的混合动力电动汽车换是指不具备行驶模式手动选择功能的混合动力电动汽车,车辆的行驶模式根据不同工况自动切换。

5. 其他划分形式

按照可再充电能量储存系统不同,混合动力电动汽车可以划分为(但不限于)以下类型:

(1)动力蓄电池混合动力电动汽车。

(2)超级电容器混合动力电动汽车。

(3)机电飞轮混合动力电动汽车。

(4)动力蓄电池与超级电容器组合式混合动力电动汽车。

混合动力电动汽车按照其技术特征、燃料类型、功能结构和车辆用途等因素还可以有其他划分形式。

活动展示

教师审核视频,学生以小组为单位在自媒体上展示,获取点赞量。

活动评价

本活动的活动评价表见表3-3-1。

活 动 评 价 表　　　　　　　　　表3-3-1

评分项 (占比)	是否达到目标 (30%)	活动表现 (40%)	职业素养 (30%)
评价标准(占比)	1. 完全达到; 2. 基本达到; 3. 未能达到	1. 积极参与; 2. 主动性一般; 3. 未积极参与	1. 大幅提高; 2. 略有提高; 3. 没有提高
自我评价(20%)			
组内评价(20%)			
组间评价(30%)			
教师评价(30%)			
总分(100%)			
自我总结			

活动二:你来问,我来答

根据混合动力系统的混合方式不同,混合动力系统主要分为串联式、并联式和混联式三种。

活动场景

在上周末,大万在跟父母出去玩时,发现车子没油了,但是他爸爸告诉他说:"没事,咱们车子是混合动力电动汽车,没油了也能跑"。

果不其然,汽车还是行驶了一段距离,但是还没到目的地就不动了,这可让一家人慌了,不是说没油了也能跑吗,这到底是什么原因呢?大万一家很迷惑,你能给解答一下吗?顺便给他们讲讲常见的串联式、并联式和混联式三种混合动力电动汽车的组成与原理。根据这个场景录制一个小视频。

活动目标

(1)能够解答活动场景中的问题。
(2)能够说出串联式混合动力电动汽车的组成和原理。
(3)能够说出并联式混合动力电动汽车的组成和原理。
(4)能够说出混联式混合动力电动汽车的组成和原理。
(5)视频清晰,内容完整。

活动计划

1. 小组分工

1名发言人员:_____   1名导演:_____
3名资料查找人员:_____   2名资料整理人员:_____
1名录像人员:_____   1名后期制作人员:_____
每人完成后可进行角色互换。

2. 设备准备

_____

_____

3. 剧本准备

_____

_____

_____

_____

活动资源

一、串联式混合动力电动汽车

在串联式混合动力电动汽车设计中,车辆的驱动仅仅是由驱动电机来单独完成的,车辆动力电池的电能来自发动机。它最大的特点就是发动机在任何情况下都不参与驱动汽车的工作,只能通过带动发电机为电动机提供电能。串联式混合动力电动汽车主要由发动机、发电机、动力电池、逆变器、驱动电机五个主要部件串联组成,如图3-3-8所示。

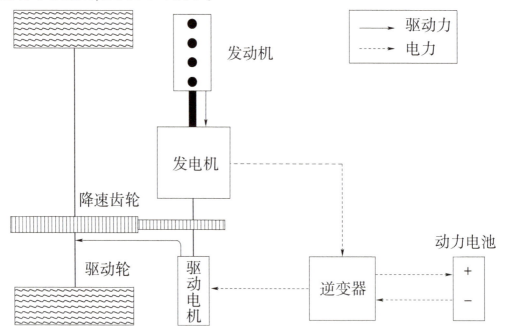

图3-3-8 串联式混合动力电动汽车系统结构

串联式混合动力电动汽车运行时,由发动机带动发电机所产生的电能和动力电池输出的电能,共同输出到驱动电机来驱动汽车行驶,电力驱动是唯一的驱动模式。发动机与发电机直接连接产生电能,来驱动电机或者给动力电池充电。驱动电机直接与驱动桥相连,汽车行驶时的驱动力由驱动电机输出。当动力电池的荷电状态SOC值降到一个预定值时,发动机即开始对动力电池进行充电,来延长混合动力电动汽车的续驶里程。另外,动力电池系统还可以单独向驱动电机提供电能来驱动电动汽车,使混合动力电动汽车在零污染状态下行驶。发动机与驱动系统并没有机械地连接在一起,这种方式可以很大程度地减少发动机所受到的车辆瞬态响应。瞬态响应的减少可以使发动机进行最优的喷油和点火控制，使其在最佳工况点附近工作。

串联式混合动力电动汽车常见的工作模式有以下几种。

1. 纯电动行驶模式

此模式下发动机不工作，动力电池向外放电，通过逆变器给驱动电机供电，驱动电机驱动车轮旋转，如图3-3-9所示。

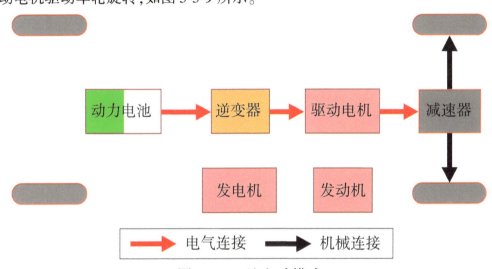

图3-3-9 纯电动模式

2. 增程模式（发电驱动）

此模式下发动机工作，动力电池不向外放电，发动机带动发电机工作，发电机通过逆变器给驱动电机供电，驱动电机驱动车轮旋转。同时，发电机还可以通过逆变器给动力电池进行充电，如图3-3-10所示。

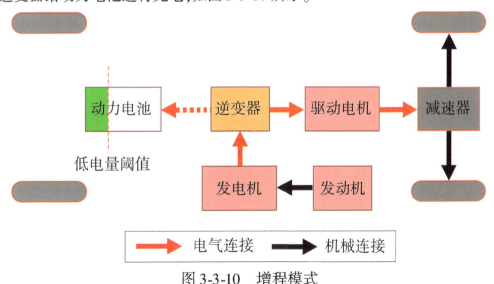

图3-3-10 增程模式

3. 混动模式(激烈驾驶模式)

此模式下发动机、动力电池同时工作,共同向驱动电机供电,驱动电机驱动车轮旋转,如图 3-3-11 所示。

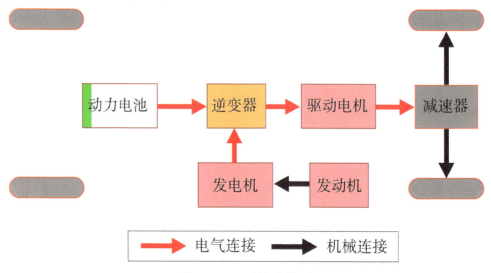

图 3-3-11　混动模式

4. 制动能量回收模式(车辆减速或制动)

此模式下发动机不工作,动力电池获得电能。制动时,驱动电机充当发电机,经过逆变器给动力电池充电,如图 3-3-12 所示。

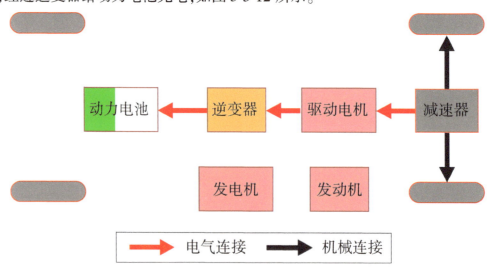

图 3-3-12　制动能量回收模式

5. 串联式混合动力的特点

(1)结构简单,布置灵活。

(2) 内燃机不直接参与车辆驱动,动力来源于电机。

(3) 发电机既向电机供电,又向电池充电。

(4) 内燃机能够在最佳的速度和负荷状态下运行,同时车辆也取消了离合器等部件。

(5) 能量的二次转换造成了能源的浪费。

(6) 车辆仅通过电机驱动,因此必须设计较大功率的电机来满足车辆在爬坡、急加速等大负荷运行工况。与此对应,也导致内燃机和动力电池的质量增加,从而导致整车质量加大。

二、并联式混合动力电动汽车

并联式混合动力电动汽车有发动机和电机两套驱动系统,它们可以分开工作,也可以一起协调工作,共同驱动。因此,并联式混合动力电动汽车可以在比较复杂的工况下使用,应用范围较广。并联式混合动力电动汽车也可以理解为在普通汽车的基础上加装一套电能驱动系统(即电动机和动力电池),发动机和电动机都能单独驱动车轮,也可以同时工作,共同驱动汽车。当动力电池电量不足时,发动机还能带动电动机反转为电池充电。并联式混合动力电动汽车结构如图 3-3-13 所示。

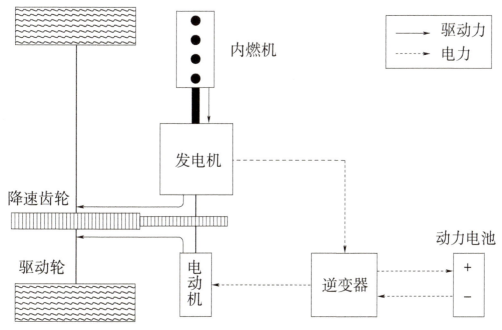

图 3-3-13 并联式混合动力电动汽车结构

并联式混合动力汽车常见的工作模式有以下几种。

1. 纯电模式

此模式下,发动机关闭,电池为电动机供电,驱动车辆行驶。该模式多用于中低车速,也有部分车型可以实现高速巡航,如图 3-3-14 所示。

图 3-3-14　纯电模式

2. 纯油模式

此模式下,发动机开启,驱动车辆行驶。此时电动机能够反转发电,为动力电池进行充电,如图 3-3-15 所示。

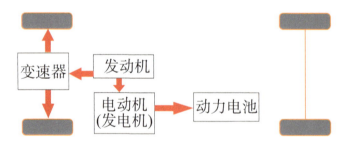

图 3-3-15　纯油模式

3. 混合模式

此模式下,发动机和电动机同时开启,驱动车辆行驶。该模式多用于爬坡、急加速及其他高负荷工况下,如图 3-3-16 所示。

图 3-3-16　混合模式

并联式混合动力系统采用发动机和驱动电机两套独立的驱动系统驱动车轮。发动机和驱动电机通过变速机构来驱动车轮,可以采用发动机单独驱动、驱动电机单独驱动或者发动机和驱动电机混合驱动3种工作模式。当发动机提供的功率大于车辆所需驱动功率时或者车辆制动时,电机工作于发电机状态,为动力电池充电。发动机和电机的功率可以互相叠加,发动机功率和电机/发电机功率为电动汽车所需最大驱动功率的50%~100%,因此,可以采用小功率的发动机与电机/发电机,使得整个动力系统的装配尺寸和质量都较小,造价也更低,行程也可以比串联式混合动力电动汽车长,其特点更加趋近于内燃机汽车。并联式混合动力驱动系统通常被应用在小型混合动力电动汽车上。

4. 并联式混合动力电动汽车的特点

(1)优点:并联结构中发动机和电动机可以同时驱动汽车,其动力性能更加优越。并联车型的驱动模式较多,可以适应多种工况,发动机能够在中高速运行时单独驱动汽车,无须进行能源的二次转换,因此其综合油耗也会更低。如比亚迪秦的1.5T发动机和电动机功率相加后相当于奥迪A6的3.0T发动机,但比亚迪秦仅仅是一台自主紧凑型车而已。

(2)缺点:由于只有一台电动机,没有独立的发电机,无法实现混合模式下发动机为电池充电的功能,而当电量耗尽时,汽车就只能依靠发动机驱动。并联相对于串联和普通汽车更复杂,制造成本相对会高一点。

三、混联式混合动力电动汽车

混联式驱动系统是串联式与并联式的综合,因为其是集合了串联式和并联式的优点而设计的,故可以最大限度地发挥串联式与并联式各自的优点。如在车辆行驶中,系统可以通过动力分配装置一方面由驱动电机单独驱动车辆,另一方面再由内燃机来自主地发电。混联式混合动力电动汽车也可以理解为在并联的基础上再加入一个发电机,就是混联。但是它不具备变速器,通常是用一种"ECVT"(Electric Continuously Variable Transmission,电控式无级变速器)的行星齿轮结构的耦合单元替代了变速器,起到连接、切换两种动力以及减速增扭的作用。也有一些厂家在混联结构中使用普通的变速器,如双离合变速器、无级变速器(Continuously Variable Transmission,CVT)等,但是效果远不及这种ECVT变速结构。目前市场上合资品牌的混合动力电动汽车大多数采用这种如图3-3-17所示的结构。

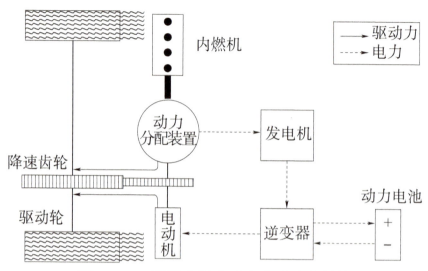

图 3-3-17　混联式混合动力电动汽车结构

混联式混合动力电动汽车常见的工作模式如下。

1. 纯电模式

此模式下,发动机关闭,电池为电动机供电,驱动车辆行驶。该模式多用于中低速,也有部分车型可以实现高速巡航,如图 3-3-18 所示。

图 3-3-18　纯电模式

2. 纯油模式

此模式下,发动机开启,驱动车辆行驶,并带动发动机发电,为动力电池充电,如图 3-3-19 所示。

图 3-3-19　纯油模式

3. 混合模式

此模式下，发动机、电动机和发电机同时开启，一边驱动车辆一边充电。该模式多用于爬坡、急加速及其他高负荷工况下，如图 3-3-20 所示。

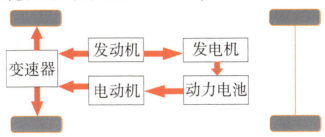

图 3-3-20　混合模式

4. 充电模式

此模式下，发动机不驱动车辆行驶，仅仅带动发电机发电，此时车辆依靠电动机驱动，相当于串联结构的车辆。当车速提高后，发动机开始介入，即混合模式，如图 3-3-21 所示。

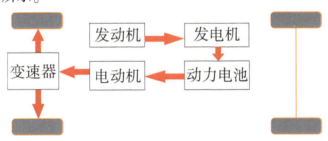

图 3-3-21　充电模式

5. 混联式混合动力电动汽车的特点

混联式混合动力电动汽车驱动模式更加丰富，在并联驱动模式基础上，加入了充电功能，所以发动机和电动机全力驱动车辆时，不用担心电量消耗的问题。混联式驱动系统可充分发挥串联式和并联式的优点，能够使发动机、发电机、驱动电机等部件进行更多的优化匹配，从而在结构上保证在更复杂的工况下，使系统在最优状态下工作，所以更容易实现排放和油耗的控制目标，因此它是最具影响力的混合动力电动汽车。但混联式混合动力电动汽车的结构更加复杂，价格也相对更高。

活动展示

教师审核视频，学生以小组为单位在自媒体上展示，获取点赞量。

活动评价

本活动的活动评价表见表 3-3-2。

活 动 评 价 表　　　　表 3-3-2

评分项 （占比）	是否达到目标 （30%）	活动表现 （40%）	职业素养 （30%）
评价标准(占比)	1. 完全达到； 2. 基本达到； 3. 未能达到	1. 积极参与； 2. 主动性一般； 3. 未积极参与	1. 大幅提高； 2. 略有提高； 3. 没有提高
自我评价(20%)			
组内评价(20%)			
组间评价(30%)			
教师评价(30%)			
总分(100%)			
自我总结			

任务四　认识其他类型新能源汽车

任务目标

（1）能熟练介绍其他类型新能源汽车。

（2）能介绍混合动力电动汽车的结构组成及燃料电池电动汽车工作原理。

任务内容

活动：介绍燃料电池电动汽车

项目三　新能源汽车检测与维修专业技术概述

活动：介绍燃料电池电动汽车

活动场景

燃料电池汽车作为零排放、零油耗被越来越多的汽车厂商所青睐。作为一名新能源汽车专业人员，你的主管让你为客户完成一份关于燃料电池汽车的报告，你能胜任此项任务吗？

活动目标

（1）能用正确的格式书写报告。
（2）介绍时能使用普通话，大方、得体。
（3）能介绍燃料电池汽车的相关特点。

活动计划

1. 小组分工
1 名介绍人员：_____　　1 名书写员：_____
1 名编辑人员：_____　　2 名材料收集汇总人员：_____
其他：_____
每人完成后可进行角色互换。

2. 报告格式设计
_____
_____
_____

3. 相关材料收集
_____
_____
_____

活动资源

除了纯电动汽车、混合动力电动汽车外，新能源汽车还有哪些呢？
新能源汽车的分类如图 3-4-1 所示。

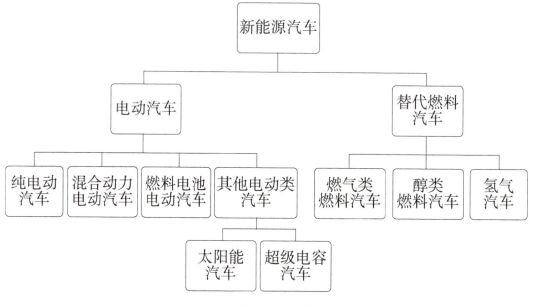

图 3-4-1　新能源汽车的分类

一、燃料电池电动汽车

1. 燃料电池

燃料电池是一种把氢氧化学能转变为电能的设备,燃料电池装置所使用的燃料为高纯度氢气。燃料电池电动汽车就是通过氢气与空气中的氧气在催化剂的作用下,产生电能,驱动汽车行驶。

氢在地球上属于含量最丰富的元素之一,但是它不能以其自然形式存在,例如在大气中,氢是和氧共同作用形成水存在的。在很多化合物中也能找到氢,例如天然气、甲醇、原油等。要把氢存储起来用作燃料,必须进行一系列工序使氢从这些物质中分离出来,如图 3-4-2 所示。

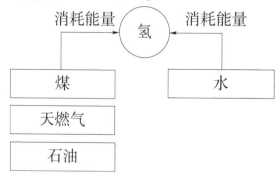

图 3-4-2　氢需要消耗能量将它从自然界存在的形式中分离出来

燃料电池的反应不经过热机过程，因此其能量转换效率不受卡诺循环的限制，能量转化效率高；它的排放物主要是水，非常清洁，不产生任何有害物质，被认为是理想的电技术之一。氢燃料电池汽车结构如图 3-4-3 所示。

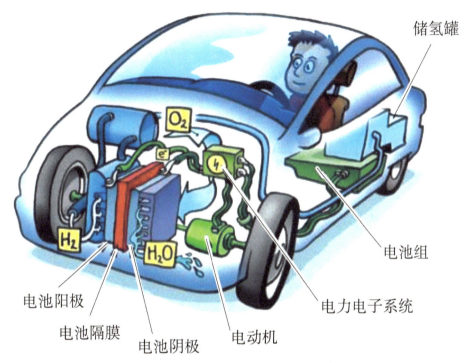

图 3-4-3　氢燃料电池汽车结构

燃料电池电动汽车发展历程如图 3-4-4 所示。

1839年	1889年	1959年	1960年
威尔士物理学家威廉·格罗甫发现了燃料电池原理	L.Mond和C.Langer发明了以铂金为电催化剂的燃料电池	培根制造出5 kW的燃料电池焊接机	燃料电池被应用在NASA探月飞船上

21世纪	2008年	1993年	1973年
燃料电池电动汽车进入量产阶段，如丰田Mirai、本田Clarity等	波音公司成功试飞一架以氢燃料电池为动力源的小型飞机	加拿大Ballard公司推出了一款速度为72km/h的燃料电池电动公交车	全球爆发石油危机，各国政府认识到能源的重要性，加速了针对燃料电池的研究

图 3-4-4　燃料电池电动汽车发展历程

2. 燃料电池的优缺点

燃料电池产生电能,并且由于氢和氧提供电能给燃料电池,所以燃料电池本身不会产生任何碳排放,排放物只有水和热量。

燃料电池的能量效率也比一般内燃机高,由内燃机提供动力车辆的能量效率只有15%~20%,而燃料电池电动汽车的能量效率能达到40%以上。此外燃料电池电动汽车的运动部件非常少,稳定性更强。

虽然目前很多汽车制造商开始设计和研发燃料电池电动汽车,并致力于提高燃料电池系统的设计,但是没有一款由燃料电池提供动力的汽车能够量产化生产。原因主要是成本高、缺少加燃料的基础设施、无安全保障、汽车续驶里程不足,以及不能够经久耐用和存在冷起动问题等,这些都影响和制约了燃料电池电动汽车的发展。

燃料电池电动汽车的特点如图3-4-5所示。

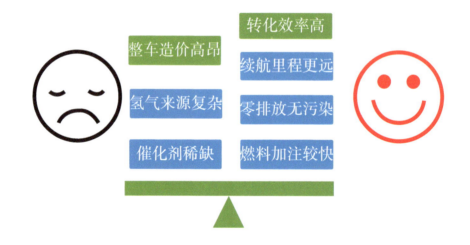

图3-4-5 燃料电池电动汽车的特点

3. 燃料电池的类型

燃料电池的类型很多,主要的区别在于所用的电解质种类不同。有些电解质在常温下运行效果很好,而有些需要在温度高达900℃的情况下才能正常工作。表3-4-1所列为目前比较常见的燃料电池基本情况。

最合适汽车使用的燃料电池是PEM电池,也称为质子交换膜燃料电池。PEM燃料电池必须用氢作为能源,可以是直接存储在车辆上的氢,也可以是由另一种燃料生成的氢。

项目三 新能源汽车检测与维修专业技术概述

常见的燃料电池基本情况　　　　表 3-4-1

项　目	类　型			
	PAFC 磷酸燃料电池	PEM 质子交换膜燃料电池	MCFC 熔融碳酸盐燃料电池	SOFC 固态氧化物燃料电池
电解质	磷酸	磺酸聚合物	锂、钾碳酸盐	稳态钇氧化锆
燃料	天然气、氢	天然气、氢	天然气、合成气	天然气、合成气
工作温度（℃）	182~210	80~100	593~704	649~1815
电效率（%）	40	30~40	43~44	50~60
制造商	ONSI 公司	艾维斯塔、PP 公司等	IHI、日立、西门子	霍尼韦尔公司
应用	固定电源	汽车、移动电源	工业及公共电源	固定电源

1）质子交换膜燃料电池

质子交换膜燃料电池发电过程不涉及氢氧燃烧，能量转换率高，发电时不产生污染，发电单元模块化，可靠性高，组装和维修都很方便，工作时也没有噪声。所以，质子交换膜燃料电池是一种清洁、高效的绿色环保电源。在燃料电池内部，质子交换膜为质子的迁移和输送提供通道，使得质子经过膜从阳极到达阴极，与外电路的电子转移构成回路，向外界提供电流。因此，质子交换膜的性能对燃料电池的性能起着非常重要的作用，其性能的好坏直接影响电池的使用寿命。

在原理上，质子交换膜燃料电池相当于电解水的"逆"装置。其单电池由阳极、阴极和含催化剂涂层的质子交换膜构成，阳极为氢燃料发生氧化的场所，阴极为氧化剂还原的场所，两极都含有加速电极电化学反应的催化剂，质子交换膜作为电解质。工作时，它相当于一个直流电源，其阳极即电源负极，阴极为电源正极，其工作原理如图 3-4-6 所示。

氢气直接被输送到负极，氧气直接被输送到正极。氢以分子的形式被输送至负极，在有催化剂的情况下氢气被分解成 H^+ 离子（质子）。通过外电路输送氢原子的电子（e^-）产生用于进行工作的电。然后，这些相同的电子被送到正极，通

过膜返回的 H^+ 离子在有催化剂的情况下,在正极与氧发生化学反应,产生水和热量。

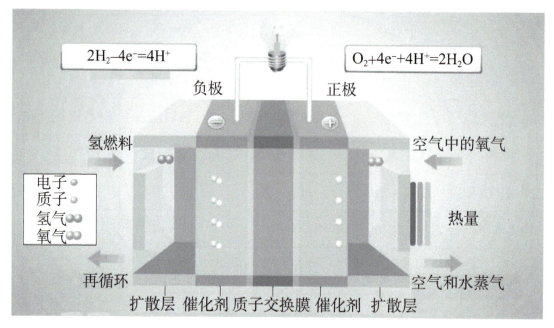

图 3-4-6 质子交换膜燃料电池工作原理

2）燃料电池堆

单个燃料电池本身没有多少用途,因为它产生的电压小于 1V。运用在汽车上的燃料电池通常是把数百个燃料电池组合在一起做成一个燃料电池堆,如图 3-4-7 所示。在这种布置中,燃料电池串联在一起,这样的电池堆的总电压是每个单电池电压的总和。电池堆中的燃料电池首尾连接,汽车中的燃料电池堆含有 400 多个电池。

图 3-4-7 燃料电池堆

燃料电池堆的总电压由组成该电池堆的电池数量决定,而电池堆的产电能力由电极的表面积决定。由于燃料电池堆的输出功率与电压和电流都有关系,所以增加电池数量或者增大电池的表面积都能提高输出功率。根据车辆所需要的输出功率及空间限制,有些燃料电池车使用多个电池堆。

3）甲醇燃料电池

由于采用氢作为燃料电池燃料时,存储氢需要使用的高压汽缸的成本和安全性均不是很理想,因此,另一种改进的质子交换膜燃料电池方法是用液态甲醇替代氢气,如图 3-4-8 所示。

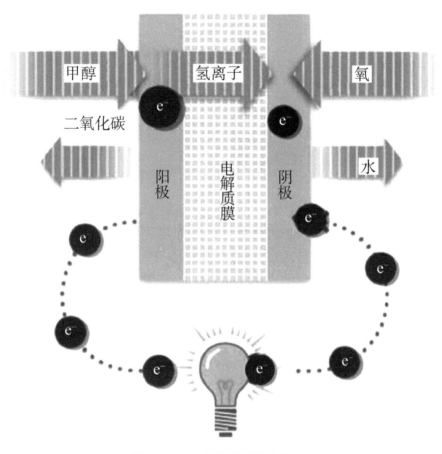

图 3-4-8 甲醇燃料电池

制造甲醇最常用的方法是用天然气合成甲醇。甲醇的化学式是 CH_3OH,它比气态氢的能量密度更高,因为常温下它以液态形式存在,无须使用压缩机或其他高压设备。使用液态燃料取代高压气体给燃料汽车添加燃料,添加过程将更加简单,几乎类似于为燃油汽车添加汽油。但是,甲醇本身具有腐蚀性,不能存储在现有的油箱中,需要一个专门的装置单独处理和存储甲醇。此外,在甲醇燃料电池中,甲醇穿过膜装置会降低电池的工作性能。同时,甲醇燃料电池的结构中也需要大量的催化剂,这些问题导致其成本升高。

4. 燃料电池电动汽车结构原理

1)燃料电池电动汽车的结构

燃料电池电动汽车一般由燃料电池反应堆、储氢罐、蓄电装置(蓄电池或超级电容)、电机、电控系统组成,如图 3-4-9 所示。

储氢罐向燃料电池反应堆提供燃料氢元素,氢在燃料电池反应堆与氧气进行电化学反应,产生电能,将电能供给电机使用,在电控系统的控制下驱动汽车行驶。

图 3-4-9　燃料电池电动汽车结构

当燃料电池汽车减速或制动时,回收的电能可以存储在蓄电池或超级电容中,传递给电机,用来驱动车轮。

燃料电池电动汽车也有很多种形式,只有纯燃料电池电动汽车上没有储存电能的装置,如图 3-4-10 所示。但目前的燃料电池电动汽车基本都设有电能储存装置,例如设置蓄电池或超级电容,可以在汽车减速、制动时进行能量回收,如图 3-4-11 所示。

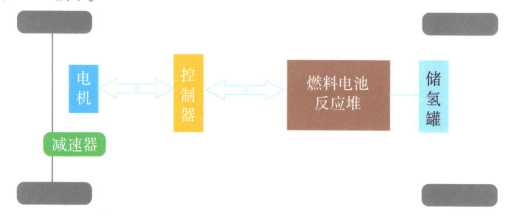

图 3-4-10　纯燃料电池电动汽车的构造

2) 燃料电池电动汽车的发电原理

燃料电池是一种电化学装置,其组成与一般电池相同;燃料电池单体电池由正、负两个电极(负极即燃料电极和正极即氧化剂电极)以及电解质组成,其单元构造如图 3-4-12 所示。

电池的阳极(燃料极)输入氢气,氢分子在阳极催化剂的作用下被解离成为氢离子和电子;氢离子穿过燃料电池的电解质层向阴极(氧化极)移动,电子因为不能通过电解质层而由一个外部电路流向阴极;在电池阴极输入氧气,氧气在阴极催化剂的作用下解离成氧原子,与通过外部电路流向阴极的电子和燃料穿过电解质层的氢离子结合生成结构稳定的水,完成电化学反应放出热量。单体燃料电池的工作原理如图 3-4-13 所示。

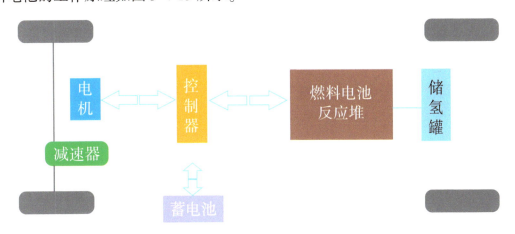

图 3-4-11　普通燃料电池电动汽车构造

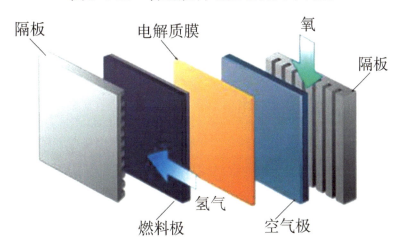

图 3-4-12　燃料电池单元构造

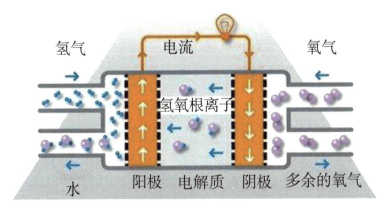

图 3-4-13　单体燃料电池工作原理

燃料电池内部化学反应方程式如下：

负极 $H_2 + 2OH^- = 2H_2O + 2e^-$

正极 $1/2O_2 + H_2O + 2e^- = 2OH^-$

电池反应 $2H_2 + O_2 = 2H_2O$

燃料电池电化学反应与氢气在氧气中发生剧烈燃烧反应是不同的，只要阳极不断输入氢气，阴极不断输入氧气，电化学反应就会持续进行，电子就会不断地通过外部电路流动形成电流，从而连续不断地向汽车提供能量。

二、各品牌燃料电池电动汽车图解

1. 丰田 Mirai 燃料电池电动汽车

2015年日本东京车展，丰田汽车推出了 Mirai 燃料电池电动汽车，丰田 Mirai 也成为世界上真正量产销售的第一款燃料电池汽车，如图 3-4-14 所示。

图 3-4-14　丰田 Mirai 燃料电池汽车

丰田 Mirai 在整车动力性方面非常出众，燃料电池最大输出功率为 114kW，功率输出密度为 3.1kW/L，续驶里程为 650km；动力方面配备了一台交流同步电机，最大输出功率为 113kW，峰值转矩达到 335N·m，其动力性能与 2.0L 排量涡轮增压发动机相当，其内部构造如图 3-4-15 所示。

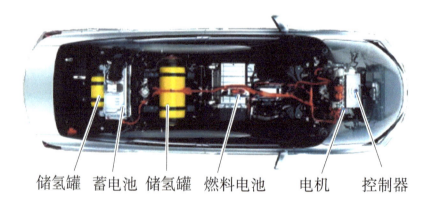

图 3-4-15　丰田 Mirai 燃料电池电动汽车内部构造

丰田 Mirai 搭载两台高压储氢罐，可容纳 50kg 的氢燃料，储氢罐材料为碳纤维+凯夫拉复合材质，压强达到 70MPa，甚至可抵挡轻型武器的攻击，如图 3-4-16 所示。

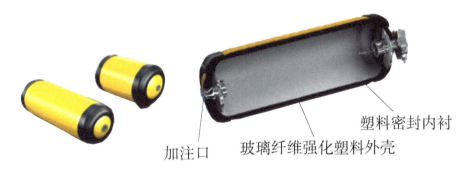

图 3-4-16　丰田 Mirai 燃料电池储氢罐

2. 奥迪 A7 Sportback h-tron quattro 燃料电池电动汽车

奥迪 A7 Sportback h-tron quattro 概念车外观与普通版 A7 相似,并搭载氢燃料电池动力系统,如图 3-4-17 所示。

图 3-4-17　奥迪 A7 Sportback h-tron quattro 概念车

奥迪 A7 Sportback h-tron quattro 配备两个输出功率为 85kW 的电机,这套系统的最大功率为 169kW,最大转矩为 540N·m,其 0~100km/h 加速时间仅为 7.9s,极速可以达到 180km/h。使用氢气作燃料时,每千克氢气可驱动汽车行驶 100km,纯电动模式时则可驱动汽车行驶 50km,而总续驶里程则达到 500km。奥迪 A7 Sportback h-tron quattro 概念车基本构造如图 3-4-18 所示。

奥迪 A7 Sportback h-tron quattro 也有两个电池,分别位于前发动机舱与车尾,位于前发动机舱的为燃料电池,由 300 多个单体电池组成,总电压为 230~360V;位于后方的动力电池可以通过外接电源进行充电,也可以储存燃料电池的电能和制动减速时回收的动能,容量为 8.8kW·h,可以为车辆提供 50km 的续驶里程。奥迪 A7 Sportback h-tron quattro 加氢口如图 3-4-19 所示。

图3-4-18　奥迪 A7 Sportback h-tron quattro 概念车基本构造

图 3-4-19　奥迪 A7 Sportback h-tron quattro 加氢口

活动展示

先在小组内每人进行介绍展示，各小组再选出 2 名代表进行小组间介绍交流。

活动评价

本活动的活动评价表见表 3-4-2。

活动评价表　　　　　　表 3-4-2

评分项（占比）	是否达到目标（30%）	活动表现（40%）	职业素养（30%）
评价标准（占比）	1. 完全达到； 2. 基本达到； 3. 未能达到	1. 积极参与； 2. 主动性一般； 3. 未积极参与	1. 大幅提高； 2. 略有提高； 3. 没有提高

项目三　新能源汽车检测与维修专业技术概述

续上表

评分项 （占比）	是否达到目标 （30%）	活动表现 （40%）	职业素养 （30%）
自我评价(20%)			
组内评价(20%)			
组间评价(30%)			
教师评价(30%)			
总分(100%)			
自我总结			

任务五　认识动力电池系统

任务目标

（1）能熟练说出动力电池的作用。

（2）能详细介绍动力电池的构造。

任务内容

活动："动力电池"，我介绍

活动："动力电池"，我介绍

活动场景

今天你是老师，请你为同学们介绍动力电池的基本构造。

活动目标

（1）能用普通话讲解相关内容。

（2）可以结合多媒体等方式讲解。

（3）介绍自然、大方、得体。

（4）思路清晰，讲解内容正确。

（5）讲课时找同学进行录像，通过录像自我反思不足之处。

活动计划

1. 小组分工

1名介绍人员：_____　　1名摄像人员：_____

1名拍照人员：_____　　2名材料收集汇总人员：_____

其他：_____

每人完成后可进行角色互换。

2. 设备准备

_____

_____

3. 流程准备

_____

_____

_____

_____

活动资源

动力电池，也称动力蓄电池、高压动力电池组或高压电池组，用于存储电能。

图3-5-1　动力电池安装位置

目前市场上纯电动汽车的动力电池主要采用锂电池，包括有磷酸铁锂电池、钴酸锂电池以及三元锂电池，能够实现电池的循环充放电。

由于纯电动汽车需要有更大存储容量的电池，而按照目前的锂电池技术，电池的体积也会相应地增大。因此，目前大多数的纯电动汽车动力电池都是安装在车辆的底部，没有过多地占用乘客舱的容积，如图3-5-1所示。

动力电池主要由电池模组、电池管理系统、热管理系统、电气系统等组成，如图3-5-2所示。

项目三 新能源汽车检测与维修专业技术概述

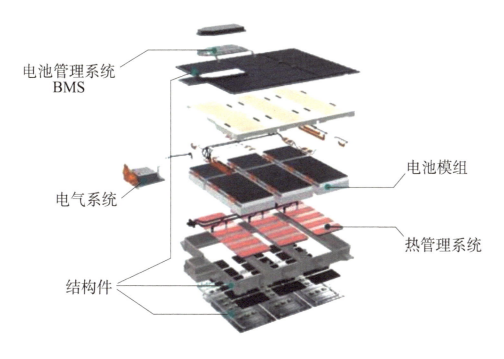

图 3-5-2 动力电池的组成

一、各部件的组成作用

1. 电池模组及成组方式

动力电池成组方式有多种,不同的成组方式可以满足不同的用电需求,电芯串联成组可以提高动力电池组的工作电压,满足电动汽车对高工作电压的需求;并联成组可以提高动力电池组容量,满足电动汽车的大容量需求;由串联和并联结合的混联方式可以同时兼顾电动汽车对高电压和高容量的双重需求。在实际应用中,电池模块的串并联数量可以记作 XPXS。其中,P 代表并联数(Parallel),S 代表串联数(Series),X 代表数量。

考虑到动力电池工作电压和电流的一致性,不同并数的模块之间无法串联,不同串数的模块之间无法并联。动力电池组的多种成组方式如图 3-5-3 所示,包括直接串联、先串联后并联、先并联后串联等形式。通常情况下,先将数量较少的电芯通过一定的串/并联方式组成模块(方形、软包电芯常见数量为 4~16 个),一定数量的模块再通过一定的串/并联方式组成电池包,形成动力电池包的并数为:模块内并数×并联模块数量;串数为:模块内半数×串联模块数量。

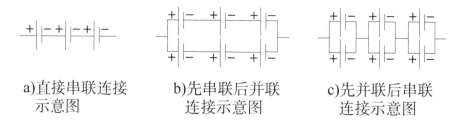

a)直接串联连接示意图　　b)先串联后并联连接示意图　　c)先并联后串联连接示意图

图 3-5-3　动力电池的多种成组方式

1)直接串联

直接串联的成组方式,具有连接方便、形式简单、易于设计的优点。在实际设计过程中,可以根据空间排布需求,设计不同串数模块,最终再将所有模块串联成电池包,空间利用率较高。在这种成组方式下,模块内的连接片最多只连接两个电芯极柱,在激光焊接极柱时,由于极柱高度差导致的焊接不良率大大降低,良品率较高。但是,由于所有电芯均为直接串联成组,某个电芯发生脱焊时,电池包回路会因此断开而彻底失效。同时成组容量受单个电芯制约,无法满足特定容量需求。

以大容量方形电芯为例,常见大容量方形电芯规格有 100A·h、120 A·h、150 A·h 等。如某个动力电池包的需求容量 120 A·h、额定电压 345.6V,因此可以选 1P4S 的模块,然后将 24 个相同的模块再次进行串联,最终形成 1P96S 的动力电池包。

但是,当需求动力电池包容量达到 180 A·h 以上时,一般不使用该方式进行成组。

2)先串联后并联

先串联后并联的结构形式是:首先将多个电芯的正负极依次相连,形成 1PXS 的模块,然后将若干个该类型模块进行并联,形成动力电池包。此方案一般用于设计大模块场景,如一个动力电池包只用 2~4 个大模块成组。先串联后并联的单个模块均是并联在电路中,当某个电芯或某一并联的电芯与电池回路脱开时,其他并联模块依旧可以正常工作,提供电流,并且工作电压不变,只是容量降低可以继续使用。由于每个串联模块中电芯的数目一般较多,在串联模块并联前需对各模块电压进行有效均衡,否则即使较小的电芯端电压差异,成组后也会产生较大的并联支路间的电压偏差,继而引发安全事故。此外,由于先串联后并联的成组方式中每一个模块必须由相同数量的电芯组成,所有模块尺寸大小相同,无法设计成不同串数的模块进行排布,所以空间利用率低。先串联后并联的方式在实际生产应用中使用较少。

3）先并联后串联

先并联后串联是目前最为常用的成组方式，此形式模块组成方式为：首先将多个电芯正、负极分别相连，形成 XP1S 的模块，然后将若干个该类型模块进行串联，形成动力电池包。由于并联模块端电压相等，故只需监测一个电芯的端电压，而不需要增加复杂开关或电压监测电路模块，因此经济性较好。各并联模块相互独立，利于电芯之间的自均衡，对电芯可用容量及内阻的不一致性协调度较高。同时，并联模块是电芯直接并联，端电压低，即使电芯的端电压有偏差，并联时影响也较小，安全性较高。由于模块之间是从头到尾串联而成的，连接方式简单，走线容易，可以衍生出各种串并联方式的方案。此外，这种方式适用范围广，常见的圆柱形、方形、软包电芯均可以使用这种成组方式。以软包电芯为例，某个动力电池包需求容量 120A·h，额定电压 345.6V，可以选用 30A·h 软包三元电芯（额定电压 3.6V）先并联后串联的方式进行成组。先将四个电芯进行并联成 4P1S 的模块，然后将 96 个该类型模块进行串联，形成 4P96S 的动力电池包。此外，还可对该方案进一步优化，由于软包电芯厚度较薄，先将 24 个电芯组成 4P6S 的模块，然后将 16 个该类型模块进行串联，形成 4P96S 的动力电池包。不过，此结构形式的模块内并数较多，往往一个连接片需要与 4~8 个电芯进行焊接。焊接质量受极柱高度差影响较大，合格率较低，在模块设计上需要通过工艺优化提高良品率，通过减少模块和结构件的数量来提高成组率。

2. 电池管理系统

电池管理系统是电池保护和管理的核心部件，在动力电池系统中它就相当于人的大脑。它不仅要保证电池安全可靠地使用，而且要充分发挥电池的能力和延长使用寿命。作为电池和整车控制器以及驾驶人沟通的桥梁，通过控制接触器控制动力电池组的充放电，并向整车控制器（Vehicle Control Unit，VCU）上报动力电池系统的基本参数及故障信息；保证高压系统安全供电，执行整车控制器的指令，实现电池对外部负载上下电控制、实现制动能量回馈；保障电池充放电过程安全、合理；实现电池信息与外部交流通信。电池管理系统实物如图 3-5-4 所示。

图 3-5-4 电池管理系统实物图

电池管理系统具备的功能有：通过电压、电流及温度检测等功能实现对动力电池系统的过压、欠压、过流、过高温和过低温保护，继电器控制、SOC 估算、充放电管理、均衡控制、故障报警及处理、与其他控制器通信功能等。此外,电池管理系统还具有高压回路绝缘检测,以及为动力电池系统加热等功能。电池管理系统工作时,对电池内部电芯、模组以及相关高压控制元器件工作参数和状态的信息进行检测、运算、通信、处理与控制。检测和控制环节涉及硬件和硬线状态与参数;运算和处理环节是对参数和状态信息,用电池管理控制器内存储的软件程序,包括底层软件和应用程序,进行加工处理,形成指令后由功率放大电路去驱动执行器执行。

应用程序一般通过编写程序并对控制主板刷程序来改进升级。电池管理系统接受执行整车控制器指令,并随时将电池的状态上报给整车控制器。

电池管理系统的硬件包括主板、从板及高压盒,还包括采集电压线、电流、温度等数据的电子器件;电池管理系统软件包括监测电池的电压、电流、SOC 值、绝缘电阻值、温度值,通过与 VCU、充电机的通信,来控制动力电池系统的充、放电。

3. 热管理系统

动力电池在充放电的过程中会产生一定的热量,从而导致温度上升。温度升高会对电池造成很多影响,如影响电池内阻、电压、可用容量、放电效率和电池寿命及安全性等。

为了尽可能延长动力电池的使用寿命并获得最大功率,需要在规定温度范围内使用电池,这就涉及动力电池的冷却系统。

目前新能源汽车动力电池系统的热管理主要可分为四类,自然冷却、风冷、液冷和直冷。其中,自然冷却是被动式的热管理方式,而风冷、液冷和直冷是主动式的热管理方式,三者的主要区别在于换热介质的不同。

1)自然冷却

自然冷却没有额外的装置进行换热,通俗讲就是靠自然风吹,例如比亚迪秦、腾势等采用 LFP 电芯的车型上都采用了自然冷却。自然冷却的优势是结构简单、成本低、占用空间较小,缺点也比较明显,即散热效率低、无法适应大功率充放电的冷却需求,一般只用于运行工况缓和、对成本敏感的电动汽车。

2)风冷

在市面上所售的新能源电动汽车中,风冷的占比仍然较大,是目前新能源汽车动力电池中应用较为广泛的散热技术。

风冷采用空气作为换热介质,原理是利用散热风扇将来自车厢内部的空气吸入动力电池箱,以冷却动力电池以及动力电池的控制单元等部件。像丰田普锐斯、本田 Insight、凯美瑞混动版以及卡罗拉双擎等车型都采用了风冷式的电池冷却系统。与其他技术相比,风冷技术相对简单、安全维护也比较方便,能够在低成本的情况下,达到良好的散热性能。不过,风冷技术的劣势也非常明显,尤其是与液冷技术相比,它与电池表面之间的热交换系数低,冷却、加热的速度仍然比较慢,电池箱内部温度均匀性不容易控制,且电池箱的密封设计较难,防尘防水效果较差。不得不说的是,一些电动汽车起火事件,发生原因就是由于风冷技术的热管理性能比较差。

3) 液冷

随着使用环境对动力电池的要求越来越高,液冷技术也逐渐取代风冷技术成为各大汽车企业的优先选择,尤其是在大中型纯电汽车中,液冷系统的使用率非常高,在小型纯电动汽车乃至插电式混合动力电动汽车中,应用液冷的新车型也越来越多。液冷技术的原理是通过电池包内部的冷却液来带走电池在工作中所产生的热量,以达到降低电池温度的效果。简单来讲,液冷系统技术在电池包里穿过一个水管,需要为电池降温时就往水管里通冷水,通过冷水带走热量降温,而需要升温时就往水管中通入热水。液冷系统对电池包的温度控制效果要优于风冷系统,液体介质的换热系数高、热容量大,冷却速度也更快。据了解,目前特斯拉 Model S、比亚迪 e5 等均使用了液冷系统。

4) 直冷

直冷系统与液冷系统的结构类似,但直冷会直接将汽车空调系统的制冷剂注入电池包内部,制冷剂在气液相变过程中能够吸收大量的热,更快速地带走电池内部的热量,散热效率更高。

直冷采用制冷剂作为换热介质,制冷剂能够在制冷过程中吸收大量的热。直冷相比液冷能够将换热效率提升 3 倍以上,更快速地将电池系统内部的热量带走。宝马 i3 便采用了直冷的方案。直冷系统提高了换热效率,但也有缺陷,它对系统的气密性要求较高,对生产制造工艺提出了更高的要求。此外,直冷系统的散热均匀性不易控制,电芯温差存在过大的风险。此外,直冷系统只能够集成散热的功能,不具备加热的功能,需要另外安装一套独立的加热系统来应对冬季的低温。

在新能源汽车发展的早期,市场上多以 A00 与 A0 级车型为主,这些车型对性能的要求不高,多为城市上下班通勤使用,而且受限于成本,往往会采用自然冷却或者是风冷。

但是随着新能源汽车的发展和市场的进一步推广,新能源汽车市场的结构在逐渐趋向成熟,A 级车以上的市场份额逐渐提升,同时对续驶里程、能量密度、电池容量与充电速度等提出了更高的要求。

随着电池能量密度越来越高,电池的安全性也要引起格外的重视,因为热失控后的负面影响会比较大,而液冷系统在换热效率、控制温度升高与降低以及控制噪声、振动与声振粗糙度(Noise,Viberation,Harshness,NVH)等方面都有不错的表现,或许会得到更广泛的应用。

4. 动力电池箱

动力电池箱主要起到支撑、固定、包围电池系统组件的作用,主要包含上盖和下托盘,还有辅助元器件,如过渡件、护板、螺栓等。动力电池箱有承载及保护动力电池组及电气元件的作用,如图 3-5-5 所示。

动力电池箱箱体螺接在车身地板下方,其防护等级为 IP67,螺栓拧紧力矩为 80~100N·m,整车维护时需观察电池箱体螺栓是否有松动、电池箱体是否有破损

图 3-5-5　动力电池箱

严重变形、密封法兰是否完整,以确保动力电池可以正常工作。

除此之外,动力电池还有一些辅助元器件,主要包括动力电池系统内部的电子电器元件,如熔断器、继电器、分流器(电流传感器)、接插件、维修开关以及电子电器元件以外的辅助元器件,如密封条、绝缘材料等。

二、动力电池基本性能参数

动力电池的性能参数主要包括电压、容量、荷电状态、充电/放电倍率、能量密度、放电深度、功率密度、自放电率、循环使用寿命等。

1. 电压

对于动力电池而言,电压可分为端电压、开路电压、额定电压(平台电压)和充电/放电截止电压。

(1)端电压:正极和负极之间的电位差称为端电压。

(2)开路电压:没有负载情况下的端电压称为开路电压。

(3)额定电压:动力电池工作输出的标准电压称为额定电压,也称为平台电压。

(4)充电/放电截止电压:电池充电/放电时,电压上升/下降到电池不宜再继

续充电放电的最高/低工作电压值,即为电池的充电/放电截止电压。不同类型及不同充电/放电条件的电池,其截止电压不同。

2. 容量

容量单位一般为 A·h(安·时),在实际应用中又有额定容量和实际可用容量的区别。额定容量是指充满电的动力电池在实验室条件下(较理想的温度、湿度环境),以某一特定的放电倍率放电到截止电压时,所能够提供的总电量。在通常情况下,实际可用容量不等于额定容量,它与温度、湿度、充电/放电倍率等因素有关,某些情况下甚至比额定容量小很多(如低温下);同时,随着充电/放电循环次数的增加,实际可用容量逐渐减小。图 3-5-6 所示为不同放电倍率条件下某 3.0A·h 锂离子动力电池的容量衰减特性曲线。

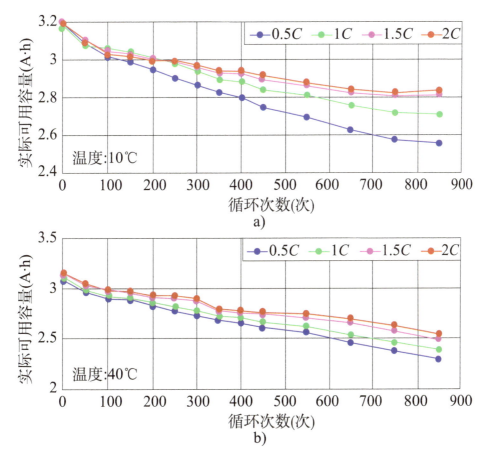

图 3-5-6 不同放电倍率条件下某 3.0A·h 锂离子动力电池的容量衰减特性曲线

3. 荷电状态

荷电状态(State of Charge,SOC)是用来表示电池内部剩余电量的参数。此参数与电池的充电/放电历史和充电/放电电流的大小有关。荷电状态一般用百分比来表示,取值为 0~100%。对于以额定电流充满电的电池,SOC 为 100% 电池荷电状态值可表示为 SOC=100%。SOC 值可按下式进行计算:

$$\text{SOC} = \frac{C}{C_r} \times 100\% \tag{3-5-1}$$

式中:C——电池剩余的可用容量,A·h;

C_r——电池的额定容量,A·h。

4. 充电/放电倍率

电池充电/放电倍率常用 C(C-rate 的简写)表示,比如 $1/5C$、$1C$、$5C$、$10C$ 等。假设某动力电池的额定容量 C 是 20A·h,如果将其充/放电储率设置为 $0.5C$,那么此型号的电池将以 10A 的电流进行充电/放电。如果其最大放电倍率是 $3C$(10s),则表示该电池能够以 60A 的电流持续放电 10s。

5. 能量密度

能量密度指单位体积或单位质量的动力蓄电池能够存储或释放的电量。能量密度有质量能量密度和体积能量密度之分,其单位分别为(W·h)/kg 和(W·h)/L。在电动汽车上,动力电池的质量能量密度指标比体积能量密度指标更为重要,因为动力电池质量能量密度影响电动汽车的整车质量和可行驶里程,而体积能量密度只影响动力电池的布置空间。质量能量密度是评价电动汽车的能量源能否满足预定续驶里程的重要指标,目前,车用动力电池的能量密度与传统燃油汽车的能量密度相比,差距明显。

6. 放电深度

放电深度(Depth of Discharge,DOD)是指在动力电池充满电的情况下,以一定的放电电流对动力电池进行放电,放出的电量占总容量的百分比。例如,30% DOD 放电表示充满电后放出 30% 的容量。与 SOC 的定义不同,SOC 的计量起点为动力电池电量空态,DOD 的计量起点为满态。

7. 功率密度

充电/放电功率是指在一定的充电/放电条件下,单位时间内动力电池输入/输出的能量,单位为 W 或 kW。质量功率密度是指单位质量的动力电池输入/输出的功率,也称为比功率,单位为 W/kg。体积功率密度是指单位体积的动力电池输入/输出的功率,单位为 W/L。功率密度是评价动力电池系统是否满足电动汽车加速和爬坡能力的重要指标,常见的磷酸铁锂电池或三元锂电池均为电化学电池,其功率密度与电池的放电深度密切相关。

8. 自放电率

自放电率是指动力电池在存放或静置期间存储电量的衰减率,即动力电池无负荷时自身放电使容量损失的速度。自放电率用单位时间内容量下降的百分数表示。影响锂离子动力电池自放电率的因素有两个:物理微短路和化学反应。物理微短路时,电池的表现为在常温、高温存储一段时间后,电池电压低于正常截止电压,与化学反应引起的自放电相比,物理微短路引起的自放电不会造成锂离子电池不可逆的容量损失。

9. 循环使用寿命

动力电池随着充电/放电循环次数的增加而逐渐老化、容量降低,循环使用寿命(State of Health,SOH)即为表征动力电池在衰减到最低可用容量的使用次数。动力电池的寿命分为循环寿命和日历寿命。

(1) 循环寿命一般以"次"为单位,表征为动力电池可以循环充电/放电的次数。动力电池的循环使用寿命通常是在理想的温度/湿度下,以额定充电/放电电流进行深度的充电/放电(满充、满放或80%容量的充电/放电),计算容量衰减到额定容量的80%时所经历的循环次数。

(2) 日历寿命是从生产日期至到期日期的时间,以年为计量单位,该期间包括搁置、老化、高低温、循环、工况模拟等不同测试环节。

三、动力电池测试

动力电池出厂前要进行如下测试。

1. 安全性测试(模组滥用实验)

安全性测试主要有过放电实验、过充电实验、短路实验、加热实验、挤压实验、针刺实验等,如图3-5-7所示。

a)过放电实验　　　　b)过充电实验　　　　c)短路实验

图　3-5-7

d)加热实验　　　　　e)挤压实验　　　　　f)针刺实验

图 3-5-7　模组滥用实验

2. 电性能测试

主要进行常温/低温/高温放电容量测试、功率测试、倍率放电测试、常温/高温荷电保持及恢复能力测试、循环寿命测试、湿热循环测试等。湿热循环测试如图 3-5-8 所示。

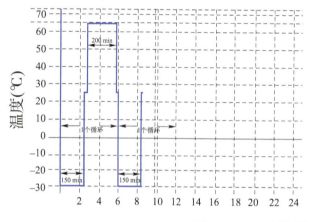 

图 3-5-8　湿热循环测试

3. 安全性和环境适应性测试

安全性和环境适应性测试主要有机械振动/冲击测试(图 3-5-9)、耐压测试、电磁兼容性能测试(图 3-5-10)、高温性能/低温性能测试、热冲击测试、盐雾腐蚀测试、IP 防护等级(防水、防尘)测试(图 3-5-11)。

图 3-5-9　机械振动/冲击测试

图 3-5-10　电磁兼容性能测试

图 3-5-11　IP 防护等级测试

活动展示

先在小组内每人进行介绍展示,各小组再选出 2 名代表进行小组间介绍交流。

活动评价

本活动的活动评价表见表 3-5-1。

活动评价表　　　　表 3-5-1

评分项 （占比）	是否达到目标 （30%）	活动表现 （40%）	职业素养 （30%）
评价标准（占比）	1. 完全达到; 2. 基本达到; 3. 未能达到	1. 积极参与; 2. 主动性一般; 3. 未积极参与	1. 大幅提高; 2. 略有提高; 3. 没有提高

续上表

评分项 （占比）	是否达到目标 （30%）	活动表现 （40%）	职业素养 （30%）
自我评价(20%)			
组内评价(20%)			
组间评价(30%)			
教师评价(30%)			
总分(100%)			
自我总结			

项目四 新能源汽车检测与维修专业学习成长规划

任务一 榜样的力量

任务目标

(1) 能够简述新能源汽车的发展历程,通过学习发展历程知道成功道路的曲折。

(2) 能结合榜样同学的事迹,合理规划自己的学习生涯。

任务内容

活动一:我来讲新能源故事

活动二:了不起的中职生——走近技能大赛获奖者

活动一:我来讲新能源故事

活动场景

不少人都将纯电动汽车称为新能源汽车,但其实纯电动汽车并不是一个新鲜的产物,而且世界上第一辆纯电动汽车诞生其实要比第一台内燃机汽车还要早,你知道第一辆纯电动汽车是谁发明的吗?纯电动汽车比内燃机汽车早诞生51年,却没有发展壮大,它被取代是什么原因造成的?

活动目标

(1) 能用普通话讲解相关内容。

(2) 利用制作PPT的方式讲述纯电动汽车的起源,说明谁是托马斯·达文波特;不同历史阶段是什么原因促进和限制了纯电动汽车的发展。

(3)讲述要求:

①介绍时能使用普通话,大方、得体;

②思路清晰,能简单、流畅地介绍纯电动汽车的发展历程;

③讲述完整、清晰。

活动计划

1. 小组分工

1 名介绍人员:_____   1 名摄像人员:_____

1 名拍照人员:_____   2 名材料收集汇总人员:_____

1 名导演:_____   1 名后期制作人员:_____

每人完成后可进行角色互换。

2. 设备准备

_____

_____

3. 剧本准备

_____

_____

_____

活动资源

不少人都将纯电动汽车称为新能源汽车,但其实纯电动汽车并不是一个新鲜的产物,而且世界上第一辆纯电动汽车诞生其实要比第一台内燃机汽车还要早。

世界上第一台纯电动汽车诞生于1834年(图4-1-1),而第一台内燃机汽车诞生于1885年,也就说纯电动汽车相比内燃机车还要早诞生51年。但为什么纯电动汽车没有发展壮大,并且在很长的一段时间被内燃机汽车所取代呢?现在我们就一起来回顾一下纯电动汽车的发展历史吧。

图4-1-1　世界上第一台纯电动汽车

想要了解世界上第一辆纯电动汽车,首先要知道这个人——匈牙利物理学家耶德利克·阿纽什(Jedlik . nyos)。由于他发明了世界上第一台电动机,所以他也被称为直流电机之父(图4-1-2)。

1828年的春天,耶德利克·阿纽什在他的实验室完成了首个电传装置,这个装置的发明解决了之前电机无法连续旋转的技术问题,他自己将这项发明命名为"电磁自转子"。

在这之后的不久,耶德利克·阿纽什推出了第一台包含实用直流电动机的三个主要部件的设备:定子、转子和换向器。该设备不使用永磁体,因为固定组件和旋转组件的磁场仅由流经它们的绕组的电流产生。

有了电动机,耶德利克·阿纽什尝试着将它用于实际的工作中。他将该电机固定在一个木板上,并且在底部装上了四个轮子,这可能就是世界上最早的纯电动汽车构想了。但由于电机功率太小等原因,这个想法始终没有什么实际的进展。

世界上第一辆可以真正行驶起来的纯电动汽车是美国发明家托马斯·达文波特(Thomas Davenport)于1834年设计并制造出来的(图4-1-3),该车的亮点在于采用了一台直流电机作为驱动车辆的动力源。

图4-1-2　直流电机之父——　　图4-1-3　托马斯·达文波特
　　　　　耶德利克·阿纽什

虽然这台车看上去已经与常规的汽车无异,但出于当时技术的阻碍,该车只能行驶很短的一段距离,并且最高时速也仅为6km/h,完全无法用它来作为代步工具。此外,它的电池也非常简单,还是一次性的,电量用完后也不可再充电。

3年之后,托马斯·达文波特发明了换向器型直流电动机,并因此获得了美国电机行业的第一个专利。该电机在性能方面已经有了明显的进步,可以600r/min的速度运转。但当时电池的成本太高,以至于电动机在商业上并不成功,最终托马斯·达文波特也破产了。

就这样,纯电动汽车的研发似乎停止了。

纯电动汽车再次出现已经是 1881 年了,不过经过这 40 多年的沉淀和发展,纯电动汽车终于有了突破式的进展。法国人 Gustave Trouve 打造了一辆采用铅酸蓄电池供电的纯电动汽车,整车及其驾驶人的质量约 106kg,速度为 15km/h,续驶里程为 16km。

该车相比 1837 年托马斯·达文波特发明的那辆车明显更加实用,不论是速度还是续驶里程都有了进步。但即便是这样的表现,也依旧不足以与马车相抗衡,所以在当时并没有引起关注。

图 4-1-4　奔驰一号(世界上第一台内燃机汽车)

1885 年,德国人卡尔·本茨已经发明了世界上第一辆汽车,并于 1886 年 1 月 29 日申请并获得了发明专利。该车配备三个车轮,搭载了一台两冲程单缸 661W 的汽油内燃机,世界第一辆内燃机汽车——奔驰一号就此诞生(图 4-1-4)。

虽然这辆内燃机汽车看起来似乎要比纯电动汽车更加靠谱,但这并没有影响纯电动汽车的发展。1899 年德国人波尔舍发明了一台轮毂电动机,目的是用来代替当时内燃机汽车上使用的链条传动。这项发明使得纯电动汽车 Lohner-Porsche 正式面世。

该车采用铅酸蓄电池作为动力源,亮点在于该车由两台轮毂电机作为动力源,轮毂电机被直接安装在了车辆的前轮上,所以在效率方面有了非常明显的提升。在 1900 年的巴黎世博会上,该车首次登场亮相,轰动一时。

Lohner-Porsche 的外观采用了当时流行的马车车厢造型,位于两个前轮的轮毂电机可以提供 2.2kW 左右的动力,用来驱动车辆行驶,而为该电机供电的则是位于车厢下方的铅酸蓄电池。但是,即便轮毂电机的效率足够出色,也摆脱不了当时电池技术不成熟、能量密度低且电池笨重的实际,因此该车在续驶里程方面的表现并不出色。

之后,波尔舍还在 Lohner-Porsche 的两个后轮上也装上了轮毂电机,世界上第一台四轮驱动的纯电动汽车就此诞生。虽然该车的最高速度可以达到 60km/h,但续驶里程依旧是非常棘手的问题。

为了有效解决续驶里程的问题,波尔舍于 1900 年研发出了世界上第一台混合动力汽车,他给车辆安装了一台水冷的 DeDion Bouton 汽油发电机,该发电机功率为 2.57kW,被安装在车身的中间,可以在 90V 电压下输出 20A 的电流。发电机输出的电能直接驱动外转子轮毂电机,而剩余的电能则流入电池组储存起来。

同样是 1900 年,法国人卡米勒·詹纳兹(Camille Jenatzy)设计了一辆引人注目并个性十足的汽车,他将该车命名为 La Jamais Contente(图 4-1-5)。该车最大的亮点在于采用了炮弹外形的车身,同时作为一辆纯电动汽车,可以达到 105.88km/h 的极速,这样的速度不仅刷新了内燃机汽车保持的速度记录,同时也是纯电动车的极速首次突破 100km/h。La Jamais Contente 纯电动汽车保持着这个速度记录,一直到 20 世纪。

图 4-1-5　La Jamais Contente

卡米勒·詹纳兹曾表示:"当你开着这辆车时,它仿佛离开了地面并且像颗从地面弹开的子弹一般向前投掷出去,至于驾驶人,他身体和肩膀的肌肉在与气压抗衡时会变得僵硬,视线会固定在 200m 的地方,感知完全处在警戒状态。"

这就是卡米勒·詹纳兹驾驶 La Jamais Contente 纯电动汽车时速度超过 100km/h 的感受。可能现在看来,这样的速度并没有什么特殊的地方,但不同的是,在 La Jamais Contente 之前,从来没有通过一辆汽车达到过这样的速度。

La Jamais Contente 纯电动汽车的尺寸非常紧凑,与现在的小型两厢轿车差不多,同时车身质量只有 1450kg,两台负责牵引的电动机总功率可以达到 49kW。这样的表现对于当时的纯电动汽车来说,完全是突破性的升级。

除此之外,La Jamais Contente 纯电动汽车的车身使用铝钨合金、铝合金等材质打造,它也被认为是世界上第一台流线造型的汽车,另外米其林还为该车提供了轮胎。

正是基于这些技术方面的进步,纯电动汽车的发展进步飞快,同时在蓄电池方面也有了非常突出的进步,这也让纯电动汽车在当时颇受欢迎。此外,许多关于速度和性能方面的纪录都是由纯电动汽车创下的,当时的内燃机汽车可以说是望尘莫及。

19 世纪末 20 世纪初,汽车在美国开始流行起来,纯电动汽车也凭借着没有噪声、没有废气、平稳舒适的特点使得其销量远远超过内燃机汽车。有数据显示,在 20 世纪 10 年代的美国,燃油汽车的保有量只有 22%,纯电动汽车则有 38%。

但是好景不长,纯电动汽车的辉煌历史并没有延续太久。汽车的发展推动了公路的建设,而人们也越来越期待驾驶着汽车去往更远的地方,所以提高汽车的续驶里程就成为人们最迫切的需求。

对于纯电动汽车来讲,这无疑是致命的弱点,再加上当时世界上许多油田的开发,燃油的价格也下降到了人们可以接受的范围,所以内燃机汽车渐渐得到了人们的重视,技术也得到了飞速的发展。

可以说,亨利-福特与他的福特车亲手终结了纯电动汽车。大批量生产的福特车(图4-1-6)不仅价格便宜,而且皮实耐用,此时,纯电动汽车的优势已经荡然无存。在这之后,纯电动汽车一路低迷,百年沉寂。

图 4-1-6　福特 T 型车

第二次世界大战爆发后,纯电动汽车也曾短暂复苏过。1941 年,标致推出了一款最大功率为 1.1~2.6kW,搭载电压为 48V 的电动机的 VLV 纯电动汽车(图4-1-7),最高速度可以达到 30km/h。在当时的巴黎街头,该车非常常见,但也仅是昙花一现,随着战争的结束,VLV 停产了。

在纯电动汽车历史上,不得不提的一款车型就是通用 EV1(图 4-1-8)。该车可以说是最接近现代汽车的第一台纯电动汽车,并且还为之后纯电动汽车的发展提供了经验和技术标准,很多 EV1 车型上的研发设计思路至今依旧沿用。

图 4-1-7　标致 VLV 纯电动汽车　　　　图 4-1-8　通用 EV1

虽然 EV1 车型在发布时引起了广泛的关注,但最终该车却并没有成功。EV1 车型的设计非常个性化,圆润的风格让它看起来有些臃肿,一体化的车壳一直延伸到车尾,半封闭的后轮为车尾增加了审美重心,并加重了这辆车低底盘的视觉效果。

车尾的设计与车头遥相呼应,大角度上翘并形成较扁的嘴状。这样的一套设计即使用今天的审美观念来看也是很前卫的,在某些俯视角度和车漆颜色的衬托下,这辆车甚至还有不小的现代感。

项目四 新能源汽车检测与维修专业学习成长规划

动力方面，EV1 搭载了一台交流异步电机，最大功率可达 100kW，可输出 149N·m 的峰值转矩。这样的动力表现在当时可以算作顶尖。每次十几小时的充电时间虽然不长，但对已习惯性加满油一次就不用管的传统汽车，这样的麻烦也让顾客在最初的新鲜劲过去后越来越没有继续使用的耐心。再加上政策法规等各种原因，最终通用 EV1 仅量产了 1117 台，成为被人遗忘的历史。

随着技术的发展，现在纯电动汽车已经成为未来汽车发展的大趋势，不只是像特斯拉这样的厂商推出了众多知名的车型，就连不少著名的超级跑车厂商也纷纷加入了生产纯电动汽车的队伍。这些厂商生产的纯电动汽车不论是动力性能还是高科技配置，也都超越了传统的内燃机车型，相信随着科学技术的进步，未来纯电动汽车还会有更大的发展。

活动展示

教师审核视频，学生以小组为单位在自媒体上展示，获取点赞量。

活动评价

本活动的活动评价表见表 4-1-1。

活动评价表　　　　　　　　　　　表 4-1-1

评分项（占比）	是否达到目标（30%）	活动表现（40%）	职业素养（30%）
评价标准（占比）	1. 完全达到； 2. 基本达到； 3. 未能达到	1. 积极参与； 2. 主动性一般； 3. 未积极参与	1. 大幅提高； 2. 略有提高； 3. 没有提高
自我评价（20%）			
组内评价（20%）			
组间评价（30%）			
教师评价（30%）			
总分（100%）			
自我总结			

169

活动二：了不起的中职生——走近技能大赛获奖者

活动场景

他们是中考后被挡在普通高中大门外的落榜生；他们也是学校的优秀班干部、优秀技能能手；他们积极参与技能大赛，在全国新能源汽车技能大赛屡获大奖，在山东省技能兴鲁新能源技能大赛勇夺魁首。当初的中考落榜生，如今的拿奖高手。他们毕业后就业于新能源汽车企业，屡获好评。

活动目标

(1)阅读新能源大赛获奖师生的事迹，结合自身情况说一下自己的技校生涯应该怎么度过。

(2)活动要求：

①按小组组织学生，说一说自己的观后感；

②画一张自己技校学习的规划图；

③分组展示，综合评价每组的可取之处。

活动计划

1. 小组分工

1名介绍人员：_____   1名摄像人员：_____

1名拍照人员：_____   2名材料收集汇总人员：_____

1名导演：_____   1名后期制作人员：_____

每人完成后可进行角色互换。

2. 设备准备

_____

_____

3. 剧本准备

_____

_____

_____

_____

项目四　新能源汽车检测与维修专业学习成长规划

活动资源

齐鲁网临沂2020年9月7日讯

（通讯员　达庆珺）

近日，山东省人力资源和社会保障厅下发通知，公布第45届世赛省选拔赛获奖选手和突出单位及个人的名单，山东交通技师学院师生榜上有名。其中，9名选手分别荣获一、二、三等奖，10名教师获"第45届世界技能大赛山东省选拔赛优秀裁判员"称号，20名教师获"第45届世界技能大赛山东省选拔赛优秀指导教师"称号。

曾经，他们和这群学生一样：

"你了解过哪些职业学校？""没怎么了解。""对什么专业比较感兴趣？""都不感兴趣。"这是笔者日前采访一位中考落榜生时与被采访者的对话。"谁的青春不迷茫"，每个人在成长过程中都会经历彷徨怅惘，但最终我们都将走向坚强，因为只有我们自己站起来，这个世界才会属于我们，如此，才有能力做最真实的自己。成就自我，就从站起来开始。"成长的烦恼算什么"，少顾及那无谓的迷茫困惑，头上青天白云，脚踏苍茫大地，立足在当下，心向着未来，唐国富和任凤金起来了。

重新确定心中目标：为了取得好成绩，为了学习到一技之长，进而进入心仪的工作单位，他们一边完成课堂上的学习任务，一边准备着省赛、国赛，任务之重、压力之大可想而知。运动，是唐国富释放压力、调整心态最常用的方式。

他不言放弃，也为自己的队友加油鼓劲。如此，两个从失败阴影中走出的少年，为心中重新亮起的那一点光，一路互相鼓励、合理分工、共同进步。这是他们的荣誉，更是他们的骄傲！尽管未来的路依旧不平坦，但经历过曾经的磨炼，信心已强大到足以面对未来的风雨艰难。站在人生的临时驿站，"回首向来萧瑟处"，任凤金说："千万不要为自己是一名职业学校学生而感到自卑，或许我们在理论知识的学习上确实与普通高中的学生有一定的差距，但这并不代表我们的动手能力也弱于他们。技工学校也好，普通高中也罢，只要你认真学，就一定行。"

我校学生在各类大赛中的获奖情况如图4-1-9～图4-1-15所示。

我校新能源汽车检测与维修专业主要开设有新能源汽车电工电子技术（含低压电工防护基本技术）、新能源汽车概论、新能源汽车结构原理与维修、新能源汽车驱动电机及控制技术、纯电动汽车整车故障诊断与排除等。

图 4-1-9　我校学生 2016 年全国机械行业职业院校"北汽新能源杯"纯电动汽车服务技能大赛中获奖

图 4-1-10　我校学生在 2017 年全国节能与新能源汽车产教联盟——新能源汽车技术与维修技能大赛中获得全国二等奖第一名

图 4-1-11　我校学生 2017 年全国节能与新能源汽车产教联盟——新能源汽车技术与维修技能大赛中获得全国二等奖第一名

项目四　新能源汽车检测与维修专业学习成长规划

图 4-1-12　我校学生在 2018 山东省"技能兴鲁"职业技能大赛新能源汽车技术赛项中获二等奖第一名

图 4-1-13　我校学生获 2019 年第十一届全国交通运输行业汽车维修工（学生组）新能源汽车检测与维修赛项国赛二等奖

图 4-1-14　我校学生获 2019 年全国新能源汽车关键技术技能大赛电控赛项学生组国赛二等奖

图4-1-15 我校学生获2020年新能源汽车关键技术技能大赛电控赛项学生国赛二等奖

就业岗位主要如下:

(1)初始工作岗位。新能源汽车装配、新能源汽车机电维修、新能源车辆质检、新能源车辆部件性能检测、新能源汽车新技术培训、新能源汽车维修业务接待、新能源汽车销售等。

(2)后期发展岗。新能源汽车生产部门管理、新能源汽车维修管理、新能源汽车服务企业经营与管理等。

毕业的学生现已进入各工作岗位,凭借过硬的专业知识和严谨的工作作风获得了企业的高度认可(图4-1-16)。

图4-1-16 高玉政,我校2015级毕业生,现就职于北京北汽新能源通顺服务站

活动展示

教师审核视频,学生以小组为单位在自媒体上展示,获取点赞量。

项目四　新能源汽车检测与维修专业学习成长规划

活动评价

本活动的活动评价表见表 4-1-2。

活动评价表　　　　　　　表 4-1-2

评分项 （占比）	是否达到目标 （30%）	活动表现 （40%）	职业素养 （30%）
评价标准（占比）	1. 完全达到； 2. 基本达到； 3. 未能达到	1. 积极参与； 2. 主动性一般； 3. 未积极参与	1. 大幅提高； 2. 略有提高； 3. 没有提高
自我评价(20%)			
组内评价(20%)			
组间评价(30%)			
教师评价(30%)			
总分(100%)			
自我总结			

任务二　认识学习成长规划

（1）能够在网络、书刊上查找学习成长规划范文。
（2）根据范文，能够说出学习成长规划所包含的主要内容。

任务内容

活动：七嘴八舌一起说

活动：七嘴八舌一起说

学习成长规划是我们对未来的学校学习生涯的一个整体规划。我们可以借鉴学哥学姐们的经验，更好地了解认识学习成长规划。

在本次活动中，我会将我认为最好的学习成长规划分享给我的小伙伴们，并认真聆听他们的分享。我们将一起认识学哥学姐们的优秀的学习成长规划。

活动场景

本学期就要接近尾声了，相信各位小伙伴们都对自己的未来充满想象，对成为高年级的学哥学姐那样优秀而自信的校园风云人物而充满了期待。那么，就请各个小组的小伙伴们各显神通，收集你喜欢的学哥学姐的学习成长规划并分享给大家吧。

活动目标

（1）熟练使用现有工具检索信息（网络信息、图书馆馆藏信息等）。
（2）快速准确地提取文章关键词。
（3）将检索到的信息介绍给小伙伴。

活动计划

1. 分工
3 名信息收集人员：_____ 2 信息记录人员：_____
2 名信息处理人员：_____ 1 信息分享人员：_____

2. 设备准备
_____
_____

3. 信息记录
_____
_____
_____
_____

4.信息处理

___

___

___

___

活动资源

一、硬件资源

硬件资源主要从学校图书馆获取,如图4-2-1所示。

二、网络资源

网络资源可从计算机教室(图4-2-2)中获取。

图4-2-1　学校图书馆

图4-2-2　计算机教室

三、优秀范文

大学生个人学习成长规划

　　人们都说:"大学是半个社会",就是这种大学与高中的落差,对刚刚走出象牙塔的我们而言无疑是一道极难跨越的鸿沟。在最初的新奇与喜悦暗淡之后,迎面而来的便是无尽的困惑与迷惘。而此时,对自己做一个认真而深入的剖析,为自己量身打造一份学习成长规划便是尤为重要的。

　　大学生学习成长规划,换一个角度来理解,就是对我们心中的那片理想天地做一个具体执行的描绘。我们为自己的学习生活作出一个较系统而细致的安排,对自己的职业生涯进行规划,为自己的梦插上翅膀。美好的愿望是根植在坚实的土地上的。从现在开始,坚实脚下的土地,力争主动,规划我们的未来,为人生的绚烂多姿添彩。

1. 认知自我

古希腊德尔菲神庙里"认识你自己!"的箴言不仅仅是要唤醒人们的人文关怀,同时也指出了认识自我的意义和困难。规划未来,必须了解自我。

1) 自我评价

我个人觉得我是一个性格开朗有责任感的人。我有极强的创造欲,乐于创造新颖,寻求与众不同的结果,渴望表现自己,实现自身的价值。追求完美,具有一定的艺术才能和个性,乐观自信,好交际,能言善辩,谦逊,善解人意,乐于助人,细致,做事有耐心。

2) 我的优势

我小时候生活较艰辛,以致我对生活有更深入的认识。我并不认为生活中人们遇到挫折,是命运的不公,相反,它对人有一种督促作用,让人越挫越勇。人生经历一些挫折,是对人的一种磨砺,可以让人变得更坚强,对生活中的事情变得更有勇气。父母从小对我严厉的教育,使我时刻保持严于律己的生活态度。

3) 我的劣势

过于追求完美导致我做事过于理想化,脱离实际,家庭经济基础薄弱,人脉较少。

2. 社会分析

改革开放以来,我国经济飞速发展,根据最新国务院政策,环渤海地区可谓异军突起。黄骅港的建设,将以其强大的吞吐吸纳作用,带动整个环渤海地区的经济滚动前进。

由此观之,我所学习的专业正是港口水利工程,鉴于黄骅港的发展前景及人员需求,就业前景相当可观。

3. 学习生活规划

大学一年级:端正学习态度,严格要求自己,了解大学生活,了解专业知识,了解专业前景,了解大学期间应该掌握的技能以及以后就业所需要的证书,认真学习基础课程,尤其是英语和高等数学。作为一名工科生,高等数学是一切学习的基础。同时,为考研做准备。下半学期通过大学英语四级考试和大学计算机一级考试。积极参与外联部工作,培养工作能力。

大学二年级:通过大学英语六级考试;通过计算机二级考试;熟悉掌握专业课知识,竞选外联部负责人,并在节假日时期进行初步的实习。

大学三年级:提高求职技能,搜集公司信息。撰写专业学术文章,提出自己的见解;参加和专业有关的暑期工作,和同学交流求职工作心得体会;学习写简历、求职信;同时细致复习大学课程,为考研做准备。

大学四年级:目标应锁定在工作申请及成功就业上,积极参加招聘活动,在实践中检验自己的积累和准备。积极利用学校提供的条件,强化求职技巧,进行模拟面试等训练,尽可能地做出充分准备。与此同时,做好第二条准备——考研。

4. 求职计划

随着经济的高速发展,人们的生活日益安逸,但由于工作压力的增加、生活压力的增大、生活方式的不合理化,人们的日常生活秩序被打乱,也就凸显出越来越多的心理方面的问题,这就更加要求我们更加努力地去学习心理学知识。

(1)学位证书、资格证书是我们求职或是创业的敲门砖,是一个公司以及一个资助者支持你和招聘人才的首要条件,因此,我们要在大学生期间,拿到相关的证书。

(2)公司招聘人才看的不仅是文凭和证书,更多的是注重的个人的能力与素质,所以,我们在大学期间学习的同时,还要注重个人素质的提高和能力的培养。

(3)对于刚毕业的大学生来说,经验的缺乏是一个很突出的问题,要想在众多应聘者中脱颖而出,就要在各方面占优势才行,这对于自主创业也是很有帮助的,所以,我们还要在大学生活中积累更多的工作经验,这一方面可以通过兼职来实现,但在其过程中,要懂得总结经验。

(4)要在大学四年级之前把简历制作好,留下更多的时间来找工作。

(5)要时刻关注招聘信息,积极参加招聘活动,在公司选择我们的同时也选择一个适合自己的公司。

(6)要时刻注意最新的发展动态,关注时事,了解社会信息,掌握自主创业的优势条件和劣势,更好地把握成功的条件。

5. 总结

任何目标,只说不做到头来都会是一场空。然而,现实是未知多变的,定出的目标或计划随时都可能遭遇问题,此时要求有清醒的头脑。一个人,若要获得成功,必须拿出勇气,付出努力、拼搏、奋斗。成功,不相信眼泪;未来,要靠自己去打拼!实现目标的历程需要付出艰辛的汗水和不懈的追求,不要因为挫折而畏缩不前,不要因为失败而一蹶不振;要有屡败屡战的精神,要有越挫越勇的气魄,成功最终会属于你的。每天要对自己说:"我一定能成功,我一定按照目标的规划行动,坚持直到胜利的那一天。"既然选择了、认准了是正确的,就要一直走下去。现在我要做的是,迈出艰难的一步,朝着这个规划的目标前进,要以满腔的热情去守候这份梦,放飞梦想,实现希望。

活动展示

展示自己了解的学习成长规划内容。

活动评价

本活动的活动评价表见表4-2-1。

活动评价表　　　　　　　　表4-2-1

评分项 (占比)	是否达到目标 (30%)	活动表现 (40%)	职业素养 (30%)
评价标准(占比)	1.完全达到; 2.基本达到; 3.未能达到	1.积极参与; 2.主动性一般; 3.未积极参与	1.大幅提高; 2.略有提高; 3.没有提高
自我评价(20%)			
组内评价(20%)			
组间评价(30%)			
教师评价(30%)			
总分(100%)			
自我总结			

任务三　知道学习成长规划过程

任务目标

(1)能够在同组成员的帮助下总结出自己的优缺点。

(2)能够理顺在校期间的学习流程,并以图文的方式展示。

(3)对自己感兴趣的职业或未来可能从事的行业有初步的了解,并能向小伙伴们介绍。

任务内容

活动一:对号入座
活动二:挑战飞行棋

活动一:对号入座

自我认知是指对自己的洞察和理解,包括自我观察和自我评价。自我观察是指对自己的感知、思维和意向等方面的觉察;自我评价是指对自己的想法、期望、行为及人格特征的判断与评估。

在自我认知的过程中,我们可能会遇到各种问题,导致不能全面客观地认识自己,所以我们就需要在小伙伴们的帮助下完成自我认知。

活动场景

小组成员根据自己平时对其他成员的观察了解,以不记名的方式分别将组内每一名成员优点和缺点写在下面方框中,并在反面写下你所描述的同学的姓名。全部写完后正面向上贴到展板上。小组成员阅读展板上的内容,并找出与自己优缺点相关描述的贴纸,在贴纸下面写上自己的名字。

所有同学都完成后由组长宣布答案,各组员记录别人对自己的评价与自我认识的区别。

活动目标

(1)客观准确地评价他人。
(2)客观地认识自己。
(3)找出自我认识与他人评价之间的区别。

活动计划

1.分工
活动组织者:_____组长_____   监督员:_____教师_____

活动参与者：　　全体组员　　

2. 材料准备

优点：

缺点：

优点：

缺点：

项目四 新能源汽车检测与维修专业学习成长规划

优点：

缺点：

活动总结

_____
_____
_____
_____

活动资源

课程设置及目标：参考本书项目二。

活动展示

教师组织班级分组进行研讨，轮流发表本组观点，师生共同制定评分标准，各组选派代表发言，参赛选手在规定时间内呈现本组活动成果，其他全体同学现场观摩，根据选手表现投票，获得点赞量最多的小组获胜。

活动评价

本活动的活动评价表见表4-3-1。

活 动 评 价 表　　　　　表 4-3-1

评分项 （占比）	是否达到目标 （30%）	活动表现 （40%）	职业素养 （30%）
评价标准（占比）	1. 完全达到； 2. 基本达到； 3. 未能达到	1. 积极参与； 2. 主动性一般； 3. 未积极参与	1. 大幅提高； 2. 略有提高； 3. 没有提高
自我评价（20%）			
组内评价（20%）			
组间评价（30%）			
教师评价（30%）			
总分（100%）			
自我总结			

活动二：挑战飞行棋

各位小伙伴们，经过一学期的学习，大家应该基本上知道我们在校期间的学习安排了吧！我想大家应该对我们在校的生活、将来的就业有了一个初步的打算，现在我们就一起分享一下吧。

活动场景

各小组根据本学期所学内容，将我们每个学期要学习的课程、要举行的活动、参加的考试、技能比赛等以时间为主线画成飞行棋棋盘，并根据自己的喜好设置陷阱，将课程目标或职业目标作为问题提问。

飞行棋棋盘画好后向全班展示、讲解玩法，然后邀请其他小组成员参加游戏。

项目四 新能源汽车检测与维修专业学习成长规划

活动目标

（1）能够说出在校期间各学年的课程设置以及各课程的目标，并制定出自己的学习目标。

（2）对自己的职业有初步的打算，并能说出实现打算的方法。

活动计划

1. 分工

1 名策划人员：_____　　　3 名信息收集人员：_____

3 信息整理人员：_____　　2 名棋盘绘制人员：_____

1 名棋盘讲解员：_____　　1 名颁奖人员：_____

1 名比赛裁判：_____

2. 材料准备

_____

_____

活动资源

一、飞行棋棋盘参考图

飞行棋棋盘参考图如图 4-3-1 所示。

a)

b)

图 4-3-1

c)

图 4-3-1 飞行棋棋盘参考图

二、职业目标达成方法

1. 面试技巧和注意事项

（1）要谦虚谨慎。面试和面谈的区别之一就是面试时对方往往是多数人，其中不乏专家、学者，求职者在回答一些比较有深度的问题时，切不可不懂装懂，遇到不明白的地方就要虚心请教或坦白说不懂，这样才会给用人单位留下诚实的好印象。

（2）要机智应变。当求职者一人面对众多考官时，心理压力很大，面试的成败大多取决于求职者是否能机智果断、随机应变，能当场把自己的各种聪明才智发挥出来。首先，要注意分析面试类型，如果是主导式面试，你就应该把目标集中投向主考官，认真礼貌地回答问题；如果是答辩式面试，你则应把目光投向提问者，切不可只关注甲方而冷待乙方；如果是集体式面试，分配给每个求职者的时间很短，事先准备的材料可能用不上，这时最好的方法是根据考官的提问在脑海里重新组合材料，言简意赅地作答，切忌长篇大论。其次要避免尴尬场面，在回答问题时常遇到这些情况：未听清问题便回答，听清了问题自己一时不能作答。回答时出现错误或不知怎么答的问题时，可能使你处于尴尬的境地。避免尴尬的技巧是：对未听清的问题可以请求对方重复一遍或解释时回答不出可以请求考官提下一个问题，等考虑成熟后再回答前一个问题；遇到偶然出现的错误也不必耿耿于怀而打乱后面问题。

（3）要扬长避短。每个人都有自己的特长和不足，无论是在性格上还是在专业都是这样。因此在面试时一定要注意扬己所长、避己所短。必要时可以婉转地说明自己的长处和不足,用其他方法加以弥补。例如有些考官会问你这样的问题:"你曾经犯过什么错误吗?"你这时候就可以选择这样回答:"以前我一直有一个粗心的毛病,有一次实习的时候,由于我的粗心把公司的一份材料弄丢了,害得老总狠狠地把我批评了一顿。后来我经常和公司里一个非常细心的女孩子合作,也从她那里学来了很多处理事情的好办法,一直到现在,我都没有因为粗心再犯什么错。"这样的回答,即可以说明你曾经犯过这样的错误,回答了招聘官提出的问题,也表明了那样的错误只是以前出现,现在已经改正了。

(4)显示潜能。面试的时间通常很短,求职者不可能把自己的全部才华都展示出来,因此要抓住一切时机,巧妙地显示潜能。例如,应聘会计职位时可以将正在参加计算机专业的业余学习情况"漫不经心"地讲出来,可使对方认为你不仅能熟练地掌握会计业务,而且具有发展会计业务的潜力;报考秘书工作时可以借主考官的提问,把自己的名字、地址、电话等简单资料写在准备好的纸上,顺手递上去,以显示自己写一手漂亮字体的能力等。显示潜能时要实事求是、简短、自然、巧妙,否则也会弄巧成拙。

2. 面试时如何消除紧张感

由于面试成功与否关系求职者的前途,所以大学生面试时往往容易产生紧张情绪,有的大学生可能还由于过度紧张导致面试失败。紧张感在面试中是常见的。紧张是应考者在考官面前精神过度集中的一种心理状态,初次参加面试的人都会有紧张的感觉,慌慌张张、粗心大意、说东忘西、词不达意的情况是常见的。那么怎样才能在面试时克服、消除紧张呢?

(1)要保持"平常心"。在竞争面前,人人都会紧张,这是一个普遍的规律,面试时你紧张,别人也会紧张,这是客观存在的,要接受这一客观事实。这时你不妨坦率地承认自己紧张,也许会求得理解。同时,要进行自我暗示,提醒自己镇静下来,常用的方法是或大声讲话,把面对的考官当熟人对待;或掌握讲话的节奏,"慢慢道来";或握紧双拳、闭目片刻,先听后讲;或调侃两三句等,都有助于消除紧张情绪。

(2)不要把成败看得太重。"胜败乃兵家常事",要这样提醒自己,如果这次不成,还有下一次机会;这个单位不聘用,还有下一个单位面试的机会等着自己;即使求职不成,也不是说你一无所获,你可以在分析这次面试过程中的失败,总结经验得出宝贵的面试经验,以新的姿态迎接下一次的面试。在面试时不要老想着面试结果,要把注意力放在谈话和回答问题上,这样就会大大消除你的紧张情绪。

(3)不要把考官看得过于神秘。并非所有的考官都是经验丰富的专业人才,可能考官在陌生人面前也会紧张,认识到这一点,就用不着对考官过于畏惧,精神也会自然放松下来。

(4)要准备充分。实践证明,面试时准备得越充分,紧张程度就越小。考官提出的问题你都会,还紧张什么?"知识就是力量",知识也会增加胆量。面试前除了进行道德、知识、技能、心理准备外,还要了解和熟悉求职的常识、技巧、基本礼仪,必要时同学之间可模拟考场,事先多次演练,互相指出不足,相互帮助、相互模仿,到面试时紧张程度就会减小。

(5)要增强自信心。面试时应聘者往往要接受多方的提问,迎接多方的目光,这是造成紧张的客观原因之一。这时你不妨将目光盯住主考官的脑门,用余光注视周围,既可增强自信心又能消除紧张感;在面试过程中,考官们可能会交头接耳,小声议论,这是很正常的,不要把它当成精神负担,而应作为提高面试能力的动力,你可以想象他们的议论是对你的关注,这样你就可以增加信心,提高面试的成功率。面试中考官可能提示你回答问题时的不足甚至错误,这也没有必要紧张,因为每个人都难免出点差错,能及时纠正就纠正,是事实就坦率承认,不合事实还可婉言争辩,关键要看你对问题的理解程度和你敢于和主考官争辩真伪的自信程度。

活动展示

教师组织班级分组进行研讨,轮流发表本组观点,师生共同制定评分标准,各组选派代表发言,参赛选手在规定时间内呈现本组活动成果,其他全体同学现场观摩,根据选手表现投票,获得点赞量最多的小组获胜。

活动评价

本活动的活动评价表见表4-3-2。

活动评价表　　　　表4-3-2

评分项 (占比)	是否达到目标 (30%)	活动表现 (40%)	职业素养 (30%)
评价标准(占比)	1. 完全达到; 2. 基本达到; 3. 未能达到	1. 积极参与; 2. 主动性一般; 3. 未积极参与	1. 大幅提高; 2. 略有提高; 3. 没有提高

项目四　新能源汽车检测与维修专业学习成长规划

续上表

评分项 （占比）	是否达到目标 （30%）	活动表现 （40%）	职业素养 （30%）
自我评价(20%)			
组内评价(20%)			
组间评价(30%)			
教师评价(30%)			
总分(100%)			
自我总结			

任务四　撰写学习成长规划

(1)能够撰写出学习成长规划。
(2)能够熟练介绍自己的学习成长规划。

活动：演讲比赛

活动：演讲比赛

一份好的学习成长规划，应当包含四个方面的内容：自我认知（知道自己的优势和劣势，给自己一个客观的评价）；制订学习生活计划（提前规划好未来几年的学校生活）；制订求职计划（毕业后自己心仪的工作是什么样的，自己适合什么样的工作岗位）；计划总结（为了达到目标，自己需要付出什么样的努力）。

活动场景

举行班级演讲比赛，演讲的内容为"学习成长规划"，要求参赛选手提前做好学习成长规划PPT（图文并茂），比赛分初赛和决赛，初赛由班内各组自行组织，初赛结束后，各组推荐一名同学参加班级决赛。

活动目标

（1）能将自己撰写的"学习成长规划"配上图片做成PPT。

（2）能在规定时间内，配合PPT将自己的"学习成长规划"用普通话流利地表达出来。

活动计划

1. 分工

3～4名评委：_____　　1名主持人：_____

1名摄像人员：_____　　1名拍照人员：_____

2名比赛策划人员：_____　　1名颁奖人员：_____

1名宣传人员：_____

2. 设备准备

_____

_____

3. 制订演讲比赛策划方案

_____

_____

_____

_____

4. 制定演讲比赛评分比准

_____

_____

_____

_____

_____

_____

活动资源

一、演讲技巧

1. 做好演讲的准备

演讲前的准备包括了解听众、熟悉主题和内容、搜集素材和资料、准备演讲稿、做适当的演练等。

2. 选择优秀的演讲者

优秀的演讲者包括下述条件：

(1) 演讲者具有较强的语音能力和技巧；
(2) 演讲者具有热情；
(3) 演讲者理智，有智慧；
(4) 演讲者仪表状态良好。

3. 运用演讲艺术

演讲艺术包括开场白的艺术、结尾的艺术、立论的艺术、举例的艺术、反驳的艺术、幽默的艺术、鼓动的艺术、语音的艺术、表情动作的艺术等，通过运用各种演讲艺术，使演讲具备两种力量：逻辑的力量和艺术的力量。

4. 演讲时的姿势

演讲时的姿势也会带给听众某种印象，例如堂堂正正的印象或者畏畏缩缩的印象。虽然个人的性格与平日的习惯对此影响颇大，不过一般而言仍有方便演讲的姿势，即所谓"轻松的姿势"。要让身体放松，反过来说就是不要过度紧张。过度的紧张不但会表现出笨拙僵硬的姿势，而且也会对舌头的动作造成不良的影响。

5. 演讲时的视线

在大众面前说话，不可以漠视听众的眼光，避开听众的视线。尤其当你走到麦克风旁边站立在大众面前的那一瞬间，来自听众的视线有时甚至会让你觉得紧张。克服这股视线压力的秘诀，就是一面进行演讲，一面从听众当中找寻对于自己投以善意而温柔眼光的人。

6. 演讲时的脸部表情

演讲时的脸部表情无论好坏都会带给听众极其深刻的印象。紧张、疲劳、喜悦、焦虑、等情绪无不清楚地表露在脸上，这是很难由本人的意志来加以控制的。

演讲的内容即使再精彩,如果表情缺乏自信,老是畏畏缩缩,演讲就很容易变得欠缺说服力。

7. 声音和腔调

声音和腔调是与生俱来的,不可能一朝一夕之间有所改善。不过音质与措辞对于整个演说影响颇大,这倒是事实。要让自己的声音清楚地传达给听众。即使是音质不好的人,如果能够秉持自己的主张与信念,依旧可以吸引听众的热切关注。说话的速度也是演讲的要素。为了营造沉着的气氛,说话稍微慢点是很重要的。

活动展示

教师组织班级分组进行研讨,轮流发表本组观点,师生共同制定评分标准,各组选派代表发言,参赛选手在规定时间内呈现本组活动成果,其他全体同学现场观摩,根据选手表现投票,获得点赞量最多的小组获胜。

活动评价

本活动的活动评价表见表4-4-1。

活动评价表　　　　　　　　　表4-4-1

评分项 (占比)	是否达到目标 (30%)	活动表现 (40%)	职业素养 (30%)
评价标准(占比)	1. 完全达到; 2. 基本达到; 3. 未能达到	1. 积极参与; 2. 主动性一般; 3. 未积极参与	1. 大幅提高; 2. 略有提高; 3. 没有提高
自我评价(20%)			
组内评价(20%)			
组间评价(30%)			
教师评价(30%)			
总分(100%)			
自我总结			

参 考 文 献

[1] 林程. 电动汽车工程手册 第一卷 纯电动汽车整车设计[M]. 北京:机械工业出版社,2019.

[2] 何洪文. 电动汽车工程手册 第二卷 混合动力电动汽车整车设计[M]. 北京:机械工业出版社,2019.

[3] 高建平. 新能源汽车概论[M]. 北京:机械工业出版社,2018.

[4] 胡欢贵. 新能源汽车维修完全自学手册[M]. 北京:机械工业出版社,2020.

[5] 瑞佩尔. 新能源汽车原理与维修[M]. 北京:化学工业出版社,2020.

[6] 何泽刚. 智能新能源汽车认知与操作安全[M]. 北京:北京理工大学出版社,2020.